Andreas Ahnfeldt

Du kannst es, du weißt es nur noch nicht

ANDREAS AHNFELDT

DU KANNST ES

DU WEISST ES NUR NOCH NICHT

Die Kraft der Hypnose

ARISTON

FSC
www.fsc.org
MIX
Papier aus verantwortungsvollen Quellen
FSC® C014496

Verlagsgruppe Random House FSC-DEU-0100
Das für dieses Buch verwendete FSC®-zertifizierte Papier
EOS liefert Salzer Papier, St. Pölten, Austria.

Bibliografische Information der Deutschen Bibliothek

Die Deutsche Bibliothek verzeichnet diese Publikation
in der Deutschen Nationalbibliografie; detaillierte bibliografische
Daten sind im Internet unter http://dnb.ddb.de abrufbar.

Umschlaggestaltung: WEISS WERKSTATT MÜNCHEN
unter Verwendung eines Motivs von Christof Maaß
Satz: EDV-Fotosatz Huber/Verlagsservice G. Pfeifer, Germering
Druck und Bindung: GGP Media GmbH, Pößneck
Printed in Germany 2011

ISBN 978-3-424-20047-8

Für Ortwin, ohne den es dieses Buch nicht gäbe.
Und für Andrea, meine Frau,
die mich in jeder Phase unterstützt hat.

INHALT

Die Ressourcen, die du brauchst, findest du
in deiner eigenen Geschichte.

Milton Erickson

If any human being can do anything, so can you. –
Wenn irgendein Mensch etwas tun kann,
kannst du es auch.

Richard Bandler

Lass dich einfach treiben, genieß es,
entspann dich und hab Spaß.

Aaron

»DU BIST DANN MAL WEG!«

19 Uhr 07. Noch 23 Minuten bis zum Auftritt.

Ein Blick in den großen Spiegel. Die Schuhe sind geputzt, alle Knöpfe zu.

Durch einen Spalt im Vorhang werfe ich einen Blick auf das Publikum. Der Saal ist voll, die Leute unterhalten sich angeregt. Das wird eine gute Show, sage ich mir.

Ich gehe zurück in die Garderobe und trinke etwas. Seit zwölf Jahren mache ich das nun – die Leute mithilfe der Hypnose ins Reich des Unbewussten zu schicken. Und doch ist jede Show eine neue Herausforderung für mich.

Ich liebe das Entertainment, und ich liebe die Hypnose. Das ist schon seit meiner ersten Begegnung mit ihr so. Damals befand ich mich in der Ausbildung zum Erzieher. Mir war klar, dass ich nicht lange in diesem Beruf bleiben würde. Ein Beruf, ja, das war es – aber nicht meine Berufung. Das Leben in seiner ganzen Vielfalt hatte noch mehr zu bieten, da war ich mir gewiss. Und so begann ich nebenbei eine Ausbildung zum Schauspieler, um später in Tourneetheatern in ganz Deutschland aufzutreten. Doch noch immer war ich auf der Suche nach mehr, wollte Unbekanntes erschließen, den Menschen etwas mit auf den Weg geben.

Eines Abends, ich war gerade zwanzig geworden, sah ich im Fernsehen eine wissenschaftliche Sendung über Hypnose. Der Hypnotiseur versetzte eine junge Frau in Trance und suggerierte ihr dann, dass vor ihr auf dem leeren Stuhl neben ihrer Freundin deren Doppelgängerin säße. Verblüfft sah ich zu, wie die junge Frau herauszufinden versuchte, welche von beiden ihre wirkliche Freundin sei. Sie war nicht in der Lage, zwischen der Suggestion, ihrer »Einbildung« also, und dem echten Menschen zu unterscheiden. Bis der Hypnotiseur ihr sagte: »Du kannst es feststellen, indem du beiden in Gedanken den Befehl gibst, die Arme zu kreuzen.« Und so fand sie es heraus: In ihrer Vorstellung reagierte die Doppelgängerin auf den Gedankenbefehl.

Ich war völlig fasziniert. Kurz überlegte ich, ob das Ganze ein Zaubertrick sein mochte. Aber nein, das kann man nicht spielen, sagte ich mir – ein Satz, den ich Jahre später oft von meinen Zuschauern zu hören bekam. Auch sie hatten Zweifel gehabt, ob die Leute auf der Bühne wirklich hypnotisiert waren, im Lauf der Show aber gespürt, dass nichts gespielt, sondern alles wahrhaftig erlebt wurde. Der hypnotische Zustand ist etwas ganz Natürliches und uns allen vertraut.

Damals besorgte ich mir Bücher über Hypnose und begann, mich in das Thema zu vertiefen. Schon bald ahnte ich, dass es mich nicht mehr loslassen würde. Die Hypnose, so erkannte ich, bildet eine Brücke zu unserem Unterbewusstsein und verschafft uns Zugang zu unseren unentdeckten Ressourcen. Dieses Mehr an Möglichkeiten war es, das ich erkunden wollte. Wo waren die Grenzen? Oder, andersherum ausgedrückt: Was alles war möglich mithilfe der Hypnose?

Jahre später besuchte ich eines Abends die Show eines Hypnotiseurs und fand es unglaublich unterhaltsam, wie die Freiwilligen auf der Bühne in Trance versanken, dann auf eine Suggestion hin aus sich herausgingen und Talente zeigten, die ihnen selbst verborgen gewesen waren. Ich war begeistert, mit wie wenig Aufwand – ein Mikrofon, eine Musikanlage, eine CD – man eine ganz besondere Unterhaltung bieten konnte.

Damals wurde in mir der Gedanke geboren, selbst Hypnotiseur zu werden. Ich wollte das lernen, wollte die Menschen zum Staunen bringen und ihnen zeigen, über welche ungeahnten Möglichkeiten wir alle in Wahrheit verfügen.

Durch meine Beschäftigung mit dem Thema wusste ich schon einiges, aber mir war klar, dass theoretisches Wissen niemals ausreichen würde, um einen anderen in die Trance zu schicken. Ich kannte die möglichen Fehlerquellen, die Vorurteile, hatte mich selbst kritisch damit auseinandergesetzt. Mir war von Anfang an bewusst, dass es gilt, verantwortungsvoll mit der Hypnose umzugehen – nur so darf es geschehen. Niemand hat das Recht, einen anderen Menschen vorzuführen, ihn der Lachhaftigkeit preiszugeben. Gutes Entertainment heißt nicht, die Grenzen des Einzelnen zu übertreten. Ich hielt und halte es mit Hermann Hesses Spruch: »Aller Humor fängt damit an, dass man die eigene Person nicht mehr ernst nimmt.«

Und Hypnose ist ja nicht allein Unterhaltung. Wer Zeuge wird, was unter Hypnose alles möglich ist, beginnt sich zu fragen, was denn in ihm verborgen ist. Und wer weiß, vielleicht wäre er ja bereit, es zuzulassen ...

Schließlich erzählte ich einem Freund von der Idee, der selbst Diplom-Psychologe, Hypnosetherapeut und NLP-Trainer ist. Er bot mir an, die Hypnose bei ihm zu erlernen, und unterstützte mich in den folgenden Jahren. Noch heute sitzt er so manchen Abend in meinen Hypnoseshows und schaut zu, was ich denn da so mache.

Im Jahr 1999 veranstaltete ich die erste von vielen tausend weiteren Hypnoseshows. Das war ein Gefühl! Bis nach Las Vegas hat es mich seither verschlagen, und ich stehe in regem Austausch mit meinen amerikanischen Kollegen.

Ich fühle mich wie ein Reiseführer in das Land der Hypnose, das so viele unterschiedliche Gebiete hat. Ich lade die Menschen ein, mir zu folgen und ihre inneren Ressourcen zu entdecken. Was schlummert in mir? Was wollte ich immer schon mal tun, habe mich aber nicht getraut? Was hindert mich daran, es zu leben? Wie kann ich mich verändern, um mich in mir selbst immer wohler zu fühlen? Wo ist der Schlüssel zu all dem verborgen?

Noch immer finde ich neue Facetten der Hypnose, der Horizont über diesem Meer an Möglichkeiten ist weit. Und es ist nicht allein das Entertainment, das mich anzieht. Seit 2005 bin ich als Psychologischer Berater und Coach tätig, seit 2007 als Hypnosetrainer, 2009 machte ich meinen NLP-Master, seit 2010 bin ich Hypno-Coach. Nebenbei wirkte ich an Universitätsstudien zum Thema Hypnose mit.

Und noch immer hat die Faszination nicht nachgelassen. Hypnose – das ist das Wunder unserer Vorstellungskraft, das Wunder des menschlichen Geistes.

Mein Blick fällt in den Garderobenspiegel. Gleich ist es Zeit für den Auftritt. Wie auf ein Stichwort läutet das Telefon.

Es ist René, mein Bühnentechniker, der mich seit sieben Jahren begleitet.

»Bist du soweit?«, fragt er wie immer.

»Und, Saal voll?«, antworte ich, wie jeden Abend.

»Saal voll – toll!«, sagt er.

Ich muss schmunzeln. Das ist unser kleines Ritual, es gehört für mich zur Show einfach dazu.

Die Musik setzt ein. Sie hilft mir, in die richtige Stimmung zu kommen. Sie ist mein Anker, mit ihr lasse ich den ganzen Alltag mit seinen Höhen und Tiefen hinter mir. Bereit, die Leute zum Staunen zu bringen mit dem ungeahnten Potenzial, das in jedem von uns nur darauf wartet, geweckt zu werden.

Es kann losgehen. Die Show beginnt!

»Jetzt ist es so weit, ich möchte Sie einladen in die Welt der Hypnose ...«

Das sage ich den Gästen meiner Show. Und das möchte ich auch zu Ihnen sagen: Ich lade Sie ein, mir in die Welt der Hypnose zu folgen.

Teil I

HYPNOSE – DIE BRÜCKE ZU EINEM MEHR AN MÖGLICHKEITEN

Entspann dich, jetzt kommt der Bohrer!

Ängste überwinden – Ziele erreichen mit Hypnose!

Nichtraucher durch Hypnose!

Alles fauler Zauber!

Manipulation – nein, danke!

Habe ich schon einmal gelebt? Hypnose deckt auf!

Tor-Hypnose für unseren Stürmer!

Verblüffend! Fit und gesund: OP unter Hypnose

Bankraub unter Hypnose?

Angriff auf die Sinne – mit Hypnose zum Kaufen bewegen!

Und der Schmerz schmilzt ... unter Hypnose!

Bauch weg mit Hypnose!

Hypnose gegen Lampenfieber!

Zeugenbefragung unter Hypnose!

1 WAS IST DAS EIGENTLICH – HYPNOSE?

Hypnose hat die Menschen seit alters fasziniert, sie inspiriert und geheilt. Sie bildet eine Brücke zu unserem Unterbewusstsein, dem Ort, an dem unsere geheimen Ressourcen verborgen sind. Mit ihrer Hilfe erlangen wir Zugang zu Fähigkeiten, von denen wir bislang keinen Gebrauch gemacht haben, auch wenn sie in uns angelegt sind.

So nimmt es nicht wunder, dass wir mithilfe der Hypnose in der Lage sind, auf unsere Verhaltensmuster einzuwirken, Stress und Ängste abzubauen und Gewohnheiten, die sich negativ auf unser Wohlbefinden auswirken, dauerhaft zu ändern. Hypnose kann Schmerz ausschalten, unser Immunsystem aktivieren und insgesamt heilend wirken. Angststörungen können erfolgreich behandelt werden, ebenso wie Zahnbehandlungen unter Hypnose völlig entspannt ablaufen. Hypnotherapeutische Verfahren werden erfolgreich bei Schlaf- und Essstörungen, psychosomatischen Erkrankungen und vielem mehr eingesetzt. Zeugenaussagen unter Hypnose haben schon manche wertvolle Hinweise geliefert, auch wenn sie vor Gericht wegen möglicher Beeinflussung des Befragten derzeit nicht geltend gemacht werden können. Hypnotherapeutische Techniken helfen, Muster in unserem Verhalten zu unterbrechen und Glaubenssätze, die wir als Wahrheit akzeptiert haben, zu beleuchten und im Sinne unseres Wohlbefindens umzuformen. All das kann die Hypnose – und das seit Tausenden von Jahren.

Zugleich ist kaum ein Heilverfahren so von Mythen umrankt und mit Vorurteilen bedacht worden. In gleichem Maße, wie wir Menschen uns wünschen, vertrauen zu können und uns einfach fallen zu lassen, haben wir Angst, die Kontrolle abzugeben und manipuliert zu werden, empfänglich für fremde Suggestionen zu werden. Und es stimmt: Im hypnotischen Zustand sind wir offen für Suggestionen, der kritische Teil unseres Verstandes tritt in den Hintergrund.

Genau dies aber können wir uns zunutze machen. Urteile über uns selbst, die uns bisher daran gehindert haben, unser Potenzial zu entfalten, verlieren in der Hypnose ihre Macht über uns. Wir wachsen über uns hinaus – oder besser gesagt: in unser wahres Wesen hinein.

Was den meisten von uns widerstrebt, ist die Vorstellung, beeinflusst und gegen den eigenen Willen zu Handlungen verleitet zu werden, die wir aus moralischen Gründen ablehnen. Dabei ist nur wenigen klar, dass wir nicht gegen unseren Willen hypnotisiert werden können und auch im hypnotischen Zustand nicht gegen unsere Überzeugungen handeln werden. Zugleich übersehen wir häufig, dass wir alle ständig der Manipulation ausgesetzt sind, sei es in der Werbung, durch die Politik oder sogar im zwischenmenschlichen Bereich. Beschäftigen wir uns mit Suggestionen und lernen die entsprechenden Techniken kennen, können wir im Alltag Manipulationen leichter aufdecken und zu einer wahrhaftigen Kommunikation finden. Dazu müssen wir auch nicht gleich in Hypnose versetzt werden. Manch einer wehrt sich vielleicht gegen die Vorstellung, von einem Hypnotiseur in Trance geführt zu werden – und das ist auch ganz in Ordnung so.

Dieses Buch wird Ihnen Informationen zur Hypnose geben, es will Sie aber auch mit praktischen Anregungen inspirieren. Alle in den folgenden Kapiteln aufgeführten Übungen sind Einladungen, die Mittel der Hypnose kennenzulernen und sie sich zunutze zu machen. Die Entspannungsübungen, die hier erläutert werden, helfen Ihnen dabei, einfach ein wenig mehr loszulassen, gelassener zu werden, sich wohlzufühlen. Sie selbst entscheiden, wie tief Sie gehen möchten. Vielleicht nutzen Sie diese Entspannung auch, um sich selbst Suggestionen zu geben – Botschaften, die Sie direkt an Ihr Unterbewusstsein richten. Denn dies ist der Ort, an dem Veränderung stattfindet.

Einfach zu erlernende Techniken wie die Autosuggestion und die Musterunterbrechung ermöglichen es Ihnen, Ihr Leben mehr und mehr nach Ihren eigenen Vorstellungen zu gestalten.

Der Einzige, der Sie verändern kann, sind Sie selbst. Das Werkzeug dazu ist die Hypnose.

Was Hypnose nicht ist

Um zu erklären, was Hypnose wirklich ist, scheint es mir hilfreich, erst einmal mit den häufigsten Missverständnissen aufzuräumen und darzulegen, was sie eben *nicht* ist.

Der Begriff Hypnose leitet sich ab vom griechischen *Hypnos*, dem Gott des Schlafes und Vater der Träume. Und schon sind wir beim ersten Vorurteil über Hypnose angelangt.

Hypnose ist kein Schlaf

James Braid, ein schottischer Arzt, der zu Beginn des 19. Jahrhunderts praktizierte, hatte den Begriff übernommen und verbreitet, da er anfangs davon ausging, Hypnose sei ein künstlich hervorgerufener Schlaf. Im Laufe seiner Forschungen kam er zu der Erkenntnis, dass es sich bei der Hypnose allerdings vielmehr um einen Zustand der gesteigerten Aufmerksamkeit handelt, in dem der Hypnotisierte über eine besonders rege Vorstellungskraft verfügt und für Suggestionen empfänglich ist. Doch da hatte sich der Begriff – nicht zuletzt durch Braids Werke – längst eingebürgert.

Nicht allein Braid ging davon aus, dass Hypnose ein Schlafzustand sei. »Wachschlaf«, »Traumschlaf« und »Wonneschlaf« waren Zustände, die bereits in alten Sanskritschriften erwähnt wurden und die verschiedenen Grade der Hypnose beschreiben, wie wir sie auch heute kennen.

Wissenschaftliche Studien, die sich mit dem Gehirnwellenmuster unter Hypnose beschäftigten, sprachen lange Zeit von einem vermehrten Auftreten von Theta-Wellen, die kennzeichnend für Schläfrigkeit und leichte Schlafphasen sind. Doch auch dies scheint nicht bewiesen. In jüngster Zeit wurde in vergleichenden Studien nachgewiesen, dass auch andere Gehirnwellen im hypnotischen Zustand auftreten und es eben kein typisches Muster gibt, mit dem sich die Hypnose feststellen lässt. Hier scheint es der Wissenschaft wie dem Hypnotisierten selbst zu gehen: Jeder nimmt die Hypnose anders wahr. Und: Wenn wir in Hypnose versetzt werden – sei es durch einen Hypnotiseur, durch äußere Reize oder durch uns selbst –, so merken wir dies nicht. Es gibt keinen Zeitpunkt, an dem wir uns bewusst sagen könnten: Nun bin ich hypnotisiert.

Und doch ist der Zustand uns allen vertraut, wie wir gleich sehen werden.

Hypnose hat nichts mit Bewusstlosigkeit zu tun

Geräusche werden wahrgenommen, der Hypnotisierte kann sprechen, sich bewegen und behält auch die Kontrolle über sich. Sein Bewusstsein ist wach, doch durch den Zustand der Trance für den Augenblick beiseitegedrängt, wodurch ein Austausch mit dem Unterbewusstsein stattfinden kann.

Hypnose ist auch keine Magie

Wer als Zuschauer eines wissenschaftlichen Experiments oder einer Hypnoseshow Zeuge wird, was alles unter Hypnose möglich ist, kann leicht den Eindruck gewinnen, hier seien magische Kräfte am Werk. Menschen erliegen den Suggestionen und sind scheinbar nicht mehr in der Lage, diese von der Realität zu unterscheiden. Sie nehmen das, was ihnen gesagt wird oder was sie sich selbst sagen, als Wahrheit an.

Im Altertum machten sich die Priesterärzte dies zunutze und flüsterten ihren Patienten Formeln ein, um die Selbstheilungskräfte anzusprechen. In den Heiltempeln im alten Ägypten fand man so genannte Schalltrichter, durch die die Stimmen der Priester zu den Kranken drangen, die glaubten, die Göttin Isis spreche zu ihnen. Auch in den Heilzentren der griechischen Antike wurden solche Tempel gebaut und sind noch heute zu besichtigen. Schon damals erkannte man, dass der Mensch im hypnotischen Zustand für Suggestionen stärker empfänglich ist, und setzte dieses Wissen zum Wohl der Patienten ein. Doch mit Magie oder Epiphanien hatte dies in Wahrheit nichts zu tun.

Auch das Showbusiness hat einiges dazu beigetragen, der Hypnose einen mystischen Anschein zu geben und die Leute glauben zu machen, Zauberei sei am Werke. Der Magier, der Macht über den Menschen erlangt und ihn zur Marionette macht, war ein starker Magnet für das Publikum, das am Anfang des 20. Jahrhunderts in Europa und den USA in die Varietees und auf die Märkte strömte, wo

Hypnotiseure ihre Kunst zum Besten gaben. Anders als bei Zaubervorstellungen handelt es sich bei der Hypnose aber nicht um Tricks, sondern vielmehr um eine Technik, die wir erlernen können. Das hat nichts mit Magie zu tun. Auch wenn manche Ereignisse unter Hypnose durchaus den Eindruck erwecken können, das gäbe es doch gar nicht.

Im Zweiten Weltkrieg haben Ärzte in japanischen Kriegsgefangenenlagern mangels Medikamenten ihre Patienten in Hypnose versetzt und sie operiert. Die Betreffenden spürten keinen Schmerz, und die Wunden heilten ohne Desinfektion erstaunlich gut und schnell ab. Auch dies hatte nichts mit Magie oder Wundern zu tun. Die Kraft des Geistes, die Macht der Vorstellungskraft: Es ist das Zutagetreten der in uns verborgenen Möglichkeiten, was uns Menschen so fasziniert. Und diese sind so zahlreich, dass wir über uns selbst ins Staunen geraten können.

Hypnose kann keine Fähigkeiten in uns wecken, die nicht bereits in uns stecken

Wer mithilfe der Hypnose etwas können will, das nicht in ihm angelegt ist, mag enttäuscht werden. Dabei ist es jedoch etwas völlig anderes, wenn jemand zum Beispiel Hemmungen hat. Vielleicht können Sie zu Hause wunderbar singen, haben aber vor Publikum immer Stimmaussetzer. In diesem Fall haben Sie die Fähigkeit zu singen, können nur in bestimmten Momenten nicht darauf zurückgreifen. Durch die Hypnose wird es Ihnen möglich sein, dieses

Muster zu unterbrechen und sich auch im Beisein anderer Menschen frei zu entfalten.

Vielleicht haben Sie sich nie getraut, ein Instrument zu lernen, es sich aber immer gewünscht und darüber hinaus auch ein ausgezeichnetes Gehör. Dann werden Sie mithilfe hypnotherapeutischer Techniken in der Lage sein festzustellen, ob irgendwelche Glaubenssätze, die Sie als wahr für sich angenommen haben, Ihnen Barrieren auferlegen. »Du kannst das nicht!«, »Dazu hast du kein Talent!«, »Damit blamierst du dich bloß!« und ähnliche machtvolle Suggestionen sind in vielen von uns am Wirken und hindern uns daran, unser Potenzial auszuschöpfen. Sie lassen sich mithilfe der Hypnose überwinden – aber das heißt nicht, dass jemand, der nie das Klavierspiel erlernt hat, unter Hypnose plötzlich perfekt spielen könnte, nur weil ihm das suggeriert wurde.

Das Mehr an Möglichkeiten, welche die Hypnose uns eröffnet, hat Grenzen, doch sie sind weiter gesteckt, als wir ahnen.

Gern lasse ich in einer Hypnoseshow die Kandidaten eine fremde Sprache sprechen. Sobald sie in Hypnose sind, sagen ich ihnen beispielsweise, dass ich sie gleich aufwecken werde und sie dann auf Japanisch auf meine Fragen antworten werden. Und genau so klingt es dann auch. Munter geben sie ihre Meinung zum Besten, mimen den japanischen Reporter, erzählen sogar Witze – und das alles in einer Sprache, die sie nicht beherrschen.

Doch das heißt nicht, dass sie unter Hypnose plötzlich Japanisch sprechen können, als wäre es ihre Muttersprache, obwohl sie in Wirklichkeit keine einzige Vokabel kennen. Der Verstand, der die Suggestion angenommen hat, sammelt vielmehr blitzschnell alle Informationen, die er zum Thema »Japanisch« gespeichert hat, und konstruiert daraus eine Sprache, die entsprechend klingt. Über je mehr Informationen er verfügt, desto besser kann er Tonfall und Wortkonstrukte nachahmen. Hat jedoch jemand noch nie in seinem Leben einen Japaner sprechen hören und verfügt von daher auch über keine typischen Erinnerungen, wird er diese Übung nicht zustande bringen.

In unserem Geist ist solch eine Vielzahl an kleinen und großen Informationen gespeichert, dass wir sie ständig verdrängen müssen, um uns auf das für uns Wesentliche zu konzentrieren. Denn sonst würden wir uns in diesem Meer verlieren. Das heißt andererseits aber nicht, dass wir nicht darauf zurückgreifen können. Alles, was wir je erlebt und erfahren haben, ist in uns gespeichert und steht uns mithilfe der Hypnose zur Verfügung.

Selbstkritik, Glaubenssätze, mangelndes Selbstbewusstsein und die Angst, sich der Lächerlichkeit preiszugeben, können Gründe sein, warum wir uns selbst limitieren. In der Hypnose können wir diesen kritischen Teil aber umwandern. Was immer in uns angelegt ist, können wir mit den Techniken der Hypnose freilegen. Erinnern wir uns: Veränderung findet in uns selbst statt.

Wer raucht und damit aufhören möchte, hat in sich die Fähigkeit verborgen, genau dies zu tun.

Wer gern frei reden würde, sich das aber vor Publikum nicht traut, hat in sich die Fähigkeit, es dennoch zu tun.

Wer Dinge verlegt hat und sie nicht wiederfindet, weiß doch, wo sie verborgen sind.

Wer sich vornimmt, eine Diät zu machen, nach zwei Tagen aber dem Hunger nach Süßigkeiten erliegt, hat die Fähigkeit durchzuhalten.

Wer immer sein Verhalten ändern will, kann genau dies tun. Wer sich jedoch im Innern gegen diese Veränderungen sträubt, wird sich auch durch Hypnose nicht verändern. Er kann allerdings herausfinden, warum er sich sträubt, und dann für sich eine neue Entscheidung treffen. Dazu später mehr.

Menschen tun unter Hypnose nur das, wozu sie auch wirklich bereit sind

Keiner ist seinem Hypnotiseur willenlos ausgeliefert. Die moralische Schwelle entscheidet mit über unsere Handlungen, und sie ist in Hypnose nicht herabgesetzt. Das ist oft auch das Schöne an der Hypnose: Sie zeigt uns Menschen unverfälscht.

Wenn ich im Rahmen einer Show einem Jugendlichen suggeriere, vor ihm stünde anstelle eines Bobbycars der Sportwagen seiner Träume, zeigt er seine Faszination ganz offen. Händige ich ihm imaginär dann den Schlüssel aus und sage ihm, dass er eine Runde fahren darf, erhalte ich meist zur Antwort: »Aber ich habe doch noch keinen Führerschein.« Einerseits ist die Kraft der Vorstellung so immens, dass sie aus einem Plastikauto einen schnittigen

Sportwagen erschafft. Andererseits ist die moralische Schwelle so hoch, dass der Hypnotisierte in seiner Realität verankert bleibt.

In der Hypnose geben wir keine persönlichen Tabus preis und tun auch nicht alles, was von uns verlangt wird

Neben der moralischen Schwelle ist es das eigene Bewusstsein, das mit entscheidet, ob etwas preisgegeben wird oder nicht. Wer einen Gegenstand verlegt hat und partout nicht finden kann, wird sich unter Hypnose daran erinnern können, denn in seinem Geist sind alle notwendigen Informationen gespeichert. Er wird seinem Hypnotiseur erzählen, was er weiß. Wenn der Geist jedoch etwas als persönliches Tabu empfindet, wird er auch in Hypnose nichts davon preisgeben. Dies wird häufig falsch verstanden und rührt an eine der größten Ängste, die Menschen mit Hypnose verbinden: dass sie wider ihren Willen ihre intimsten Geheimnisse ausplaudern könnten. Das ist jedoch nicht der Fall. Auch in Hypnose behalten wir die Kontrolle über uns und würden niemals gegen uns selbst und unsere Überzeugungen handeln. Und dies betrifft nicht nur Tabus, sondern auch kleinere Abmachungen, die wir mit uns selbst getroffen haben.

Ich erinnere mich in diesem Zusammenhang an einen Vorfall aus einer meiner Shows. Gewöhnlich lasse ich niemanden auf die Bühne, der noch keine sechzehn Jahre alt ist, und ich gebe dies auch bekannt. Eines Tages war nun ein Mädchen unter den Freiwilligen, das ich für alt genug gehalten und auf die Bühne gelassen hatte. Während der Show teilte mir jedoch einer meiner Mitarbeiter mit, dass sie erst vierzehn sei. Dies war für mich eine gute Möglichkeit, das Ausmaß der Selbstkontrolle unter Hypnose zu testen. Denn ich hatte ja nun eine Information, von der sie nicht wusste, dass ich über sie verfügte. Und mir war klar, dass sie mir diese Information auf keinen Fall preisgeben wollte.

Also gab ich ihr die Suggestion, dass immer dann, wenn sie log, ihr rechtes Ohr jucken würde. In der Suggestion machte ich ihr klar, dass sie aber nicht wüsste, warum es jucken würde. Das Ganze verpackte ich dann, auch um die Wirksamkeit der Suggestion zu testen, als Spiel. Ich erklärte ihr, dass ich ihr Fragen stellen würde und sie mich bei den Fragen ihrer Wahl anlügen solle. Und ich würde dann versuchen herauszufinden, wann sie log. Ich fragte also: »Wo wohnst du?«, »Wie groß bist du?«, »Welche Schuhgröße hast du …« und so weiter. Und tatsächlich: Immer dann, wenn sie mit Absicht nicht die Wahrheit sagte, juckte ihr rechtes Ohr. Sie kratzte sich entsprechend, und ich konnte sie »der Lüge überführen«. Sie zeigte sich jedes Mal sehr überrascht, weil sie sich wirklich nicht erklären konnte, woher ich wusste, dass sie mich anlog. Schließlich stellte ich die Frage: »Wie alt bist du?« Sie antwortete: »Sechzehn.« Und … nichts. Kein Jucken, kein Zucken, kein Reiben des Ohrläppchens. Ihr wahres Alter war eine Information, die sie absolut nicht preisgeben wollte und eben auch nicht preisgab. Auch unter Hypnose nicht.

Niemand ist dem Hypnotiseur willenlos ausgeliefert, auch wenn Spielfilme und Thriller uns dies gern weismachen möchten.

Fritz Langs Spielfilm »Das Testament des Doktor Mabuse« zeigt eindrucksvoll das Thema des Verbrechens unter Hypnose. Zahlreiche Thriller folgten, in denen »Schläfer« einer Suggestion erlagen, die ihnen oft Jahre zuvor eingegeben wurde und sie nun zu einem Mord veranlasste.

Was ist dran an diesem Thema? Ist es wirklich möglich, jemanden in Hypnose dazu zu bringen, dass er ein Verbrechen begeht?

Tatsächlich gibt es Studien hierzu. In einem Experiment in den Fünfzigerjahren brachte ein Hypnotiseur seine Versuchsperson dazu, einem Assistenten angebliche Säure ins Gesicht zu schütten. Allerdings gab es zu diesem Experiment keine Kontrollgruppen, es wurde ausschließlich mit hypnotisierten Personen und natürlich nicht mit echter Säure gearbeitet.

In den Sechzigerjahren beschlossen die Forscher Orne und Evans daraufhin, eigene Untersuchungen zu machen. In der Kontrollgruppe – also der Gruppe mit Versuchspersonen, bei denen keine Hypnose eingesetzt wurde – agierte eine »Autoritätsperson«, wie etwa ein Arzt in einem Kittel, und gab Suggestionen. In beiden Gruppen ließen sich Probanden dazu bringen, die allgemein gültigen ethischen Grundsätze zu übertreten und ein (angebliches) Verbrechen zu begehen. Es ist also nicht die Hypnose, die einen Probanden zum Verbrecher macht, sondern vielmehr die Bereitschaft, einer Autoritätsperson uneingeschränkt Folge zu leisten, ohne dass diese spezielle Techniken anwendet. Herauszufinden, inwieweit der Proband über ein kriminelles Potenzial in sich verfügt, war nicht Bestandteil der Studie.

Darüber hinaus gibt es Untersuchungen zu dem »inneren Beobachter«, der ständig über uns wacht – auch im tiefsten hypnotischen Zustand. Das ist in diesem Zusammenhang besonders wichtig im Hinblick auf Suggestionen, bei denen das moralische Bewusstsein des Probanden hintergangen werden soll. Erinnern wir uns: Hypnose macht uns weder bewusst- noch willenlos. Sie versetzt uns vielmehr in die Lage, etwas als wahr anzunehmen – wenn wir uns mit dafür entscheiden und uns darauf einlassen.

Wenn Hypnose aber nun weder mit Schlaf zu tun hat noch mit Mystik und Magie und wir entgegen landläufiger Meinung selbst in tiefer Hypnose in hohem Maße die Kontrolle über uns behalten, was ist sie dann?

Der hypnotische Zustand

»Alles, was fasziniert und die Aufmerksamkeit eines Menschen festhält oder absorbiert, könnte als hypnotisch bezeichnet werden«, sagte Milton Erickson, der Meister der klinischen Hypnose.

Der Zustand, in dem wir uns in Hypnose befinden, ist ein ganz natürlicher. Wir alle erleben ihn täglich.

Wann immer unsere Handlungen unwillkürlich werden und ein Gefühl des »Flows« einsetzt, erleben wir einen hypnotischen Zustand, eine Trance. Flow bezeichnet in der Psychologie dieses völlige Aufgehen in der Tätigkeit, die man gerade ausübt. Kennzeichnend für den Flow ist, dass alle Handlungen mühelos, eben fließend vonstatten gehen. Denken und Fühlen sind eins, das Gefühl für Zeit mag verlorengehen. Und auch wenn wir alle den hypnotischen Zustand anders erleben, ist er doch immer mit einem Wohlgefühl verbunden.

Ein Beispiel soll den hypnotischen Zustand verdeutlichen. Wer gerade Auto fahren lernt, wird sich auf seine Handlungen konzentrieren. Das Anlassen des Motors, das Einlegen des Gangs und das Drücken des Gaspedals sind Handlungen, die jetzt noch Konzentration erfordern. Schon bald aber wird das Gasgeben und Bremsen automatisiert, wir handeln unwillkürlich.

Wer schließlich einige Fahrpraxis gesammelt hat, wird das Gefühl kennen, ins Auto gestiegen zu sein und sein Ziel erreicht zu haben, ohne genau zu wissen, wie er überhaupt dorthin gekommen ist. Aus der anfänglichen Konzentration ist ein Gefühl des Fließens geworden.

Gerade auf langen Autobahnfahrten erleben wir häufig einen hypnotischen Zustand. Erfordert eine plötzliche Gefahrensituation unsere Aufmerksamkeit, sind wir sofort in der Lage zu reagieren – ein weiteres Bespiel dafür, dass auch im hypnotischen Zustand der Teil unseres Verstandes, der uns vor Gefahren schützt, der innere Beobachter, über uns wacht und wir die Kontrolle bewahren.

Auch wenn wir einen Roman lesen, konzentrieren wir uns anfangs auf die Zeilen und lassen uns bald schon von der Handlung hinwegtragen. Es sei denn, wir lesen das

Buch kritisch und wehren uns dagegen, uns in die Handlung hineinzubegeben. Dann verharren wir im Zustand der Konzentration.

Ähnlich geht es uns mit Filmen, der Musik, einer Show: Sobald wir ganz im Geschehen aufgehen und die Zeit um uns herum vergessen, sind wir in einem hypnotischen Zustand.

Oft befinden wir uns gleichzeitig in einem Zustand der Entspannung. Vielleicht sorgen wir selbst für eine angenehme Atmosphäre, in der wir uns wohlfühlen, und tragen so unwillkürlich dazu bei, dass wir in einen hypnotischen Zustand geraten. Die warme Decke, Kerzenschein, eine behagliche Umgebung verhelfen uns, den Alltag scheinbar zu vergessen und in das Gefühl des Fließens überzugehen. Eine entspannte Haltung lässt uns zugleich offener werden, aufnahmebereiter. Vielleicht träumen wir auch einfach nur so dahin.

Es kann sein, dass unsere Augenlider flattern, die Mundwinkel herabsinken, weil wir den Kiefer nicht mehr angestrengt halten.

Die Atmung wird tiefer, und vielleicht zuckt ein Muskel, so wie wir es vom Einschlafen her kennen. All dies sind Kennzeichen der Entspannung, doch sie müssen nicht zwangsläufig mit dem hypnotischen Zustand einhergehen.

Auch eine hohe Konzentration auf einen bestimmten äußeren Reiz kann uns quasi in Hypnose versetzen: Ein Jäger, der auf seinem Hochstand sitzt und den Waldrand betrachtet, gerät ebenfalls in einen hypnotischen Zustand. Nimmt sein Auge eine Bewegung wahr, wird er unwillkürlich und dabei zugleich mit geschärfter Aufmerksamkeit reagieren.

Die Buschmänner verschiedener Naturvölker versetzen sich häufig mithilfe von Trommeln oder bestimmten Ritualen in Trance, bevor sie auf die Jagd gehen. Dann ist alles andere ausgeblendet, nichts als die Konzentration auf das Wild ist nun von Bedeutung.

Marathonläufer und andere Hochleistungssportler erleben den hypnotischen Zustand, während ihre Muskulatur auf Hochtouren arbeitet. Wer eine lange Wanderung macht, vergisst über Strecken die Zeit, wer joggt, kennt das Gefühl des Fließens, sobald das Laufen wie von selbst geht.

Hypnose bedeutet nun nichts anderes, als willentlich in den hypnotischen Zustand versetzt zu werden. Dies kann durch einen Hypnotiseur oder durch uns selbst geschehen.

Der Hypnotiseur führt eine so genannte Hypnoseeinleitung oder -induktion mit uns durch. Diese kann in Form einer Tiefenentspannung wie auf Seite 132 ausfallen, in der leichte Suggestionen das Gefühl des Loslassens noch vertiefen. Auch sich wiederholende Reize, die Fixation eines Gegenstands oder eine Sinnesüberladung können als Hypnoseinduktion dienen. Der Hypnotisierte lässt sich dabei nach seinem eigenen Willen ganz auf den Hypnotiseur und dessen Suggestionen ein.

In der Selbsthypnose versetzen wir uns selbst willentlich in Trance (siehe Seite 135) und nähern uns so unseren verborgenen Ressourcen.

Es gibt aber auch Situationen, in denen wir in eine Art Trance geführt werden, ohne dass uns dies bewusst wäre. Dann wirken Reize und Sprachmuster auf uns ein, die uns gezielt in einen hypnotischen Zustand versetzen. Wir gehen beispielsweise in ein Kaufhaus mit der Absicht, uns ein Paar Strümpfe zu kaufen. Eine Stunde später verlassen wir den Laden mit Tüten voller Dinge, die wir eigentlich gar nicht haben wollten. Wir sind in einen »Kaufrausch« geraten. Die gesamte Atmosphäre hat uns in einen Zustand versetzt, in dem wir es als angenehm empfunden haben, Dinge zu betrachten und zu erstehen. Unser kritischer Teil, der uns sonst sagen würde, dass wir dies und jenes im Augenblick gar nicht brauchen, ist geschickt umgangen worden. Solange wir dabei unser Budget nicht überschreiten, lässt auch der innere Beobachter hier fünf gerade sein. Angefangen von angenehmen Gerüchen aus der Feinkost- und Kosmetikabteilung hin zu geschickten Werbesprüchen, netter Musik und einer ansprechenden Anordnung der Waren, hat die Umgebung uns »eingefangen«, sodass wir unsere ursprüngliche Absicht – das Paar Strümpfe – schon bald verdrängt und uns stattdessen auf die Umgebung und ihre Reize eingelassen haben. Plakate, Slogans und Lautsprecherdurchsagen haben uns schließlich zum Kauf animiert.

Mit dem hypnotischen Zustand einher geht die Empfänglichkeit für Suggestionen. Da unser kritischer Teil herabgesetzt ist, nehmen wir das, was uns gesagt wird, eher als wahr an. Wir sind bereit, uns darauf einzulassen, während wir gleichzeitig die Kontrolle behalten.

Wer fest entschlossen ist, sich nicht dem Kaufrausch hinzugeben, wird auch nicht anfällig für die Reize sein, die ein entsprechendes Wohlbefinden erzeugen sollen. Wer sich bereits für ein Produkt entschieden hat, wird auch noch so gekonnte Werbesprüche nicht als wahr einstufen und in sich aufnehmen, er wird ihnen nicht Folge leisten. Und wer sich mit den Techniken der Hypnose auseinandersetzt, wird in der Lage sein zu erkennen, wie Suggestionen und Sprachmuster auf ihn wirken und wie er sie für sich selbst wirkungsvoll einsetzen kann. All dies erfahren Sie im zweiten und dritten Teil dieses Buches.

Das Faszinierende an der Hypnose ist die Vielfalt ihrer Anwendungsmöglichkeiten. Die Medizin, die Zahnmedizin, die Forensik, die Psychotherapie und zahlreiche andere Bereiche unseres Lebens werden durch die Hypnose inspiriert, auch als Heilverfahren ist sie anerkannt.

Und das war schon vor sechstausend Jahren so, wie uns ein kleiner Ausflug in die Geschichte der Hypnose zeigt.

2 HYPNOSE – SO ALT WIE DIE MENSCHHEIT SELBST?

Ein Blick in die Geschichte der Hypnose ist schon allein deshalb spannend, weil sie seit Jahrtausenden bis zum heutigen Tage zu ganz ähnlichen Zwecken genutzt wurde. Bereits in den Anfängen der Medizin erlebte sie eine erste Blüte – und wurde im dunklen Mittelalter als Teufelswerk verschrien. Erst mit der Epoche der Aufklärung rückte sie erneut ins Zentrum der Aufmerksamkeit und wurde dann häufig gerade von denen propagiert, die sie ursprünglich hatten widerlegen wollen.

Doch reisen wir erst einmal in der Zeit zurück zu ihren dokumentierten Anfängen, damit auch Sie sich ein unverfälschtes Bild von der Hypnose machen können.

Alles bloß Schlaf?

Wie Tontafeln aus den Jahren um 3000 v. Chr. zeigen, haben schon die Sumerer gewusst, dass der hypnotische Zustand die Heilung fördert und den Menschen empfänglich für unterstützende Suggestionen macht. Die Priesterärzte Mesopotamiens verfügten über erstaunliche Kenntnisse in der Naturmedizin und behandelten ihre Patienten in leichter, mittlerer und tiefer Trance. Die Gesundheit des Menschen hing nach ihrer Weltsicht größtenteils von den Göttern ab. Beschwörungsformeln dienten zur Austreibung von Dämonen und zur inneren Reinigung des Kranken. Die Kraft, gesund zu werden, wurde demnach nicht dem Menschen selbst, sondern einer übernatürlichen Energie zugeschrieben. Das unterscheidet sich nicht so sehr von den Gebeten, die Menschen auch heutzutage an ihren Gott richten mit der Bitte, gesund zu werden.

Auch im alten Ägypten wurde die Hypnose zu Heilzwecken angewendet. Kranke wurden in den Tempeln in einen schlafähnlichen Zustand versetzt. Dort sollte ihnen die Göttin Isis erscheinen, die ihnen Botschaften zur Heilung eingab. Es wird vermutet, dass die Priester wie ein Orakel zu den Kranken sprachen und deren Heilung durch Suggestionen unterstützten. Im Papyrus Ebers, einem der ältesten schriftlichen Zeugnisse der Medizin aus dem späten 16. Jahrhundert v. Chr., finden sich neben zahlreichen Rezepten für die unterschiedlichsten Krankheiten auch so genannte Begleitsprüche, die nichts anderes sind als Suggestionen, um die Selbstheilungskräfte des Patienten zu aktivieren.

Die Fixation einen Gegenstandes wird ebenfalls in Ägypten erstmals erwähnt. Priester benutzten glänzende Metallscheiben, um eine Trance einzuleiten.

Im alten Griechenland gab es so genannte Schlaftempel, die wegen ihrer Heilerfolge auch von den Römern übernommen wurden. Die Patienten wurden einem Ritual aus Waschungen und Gebeten unterzogen und anschließend in eigens dafür vorgesehenen Gewölben in Trance versetzt, um den Stimmen der Götter zu lauschen. Durch verborgene Schalltrichter gaben ihnen die Priesterärzte Botschaften zur Heilung ein – und erzielten erstaunliche Erfolge.

Auch in anderen Kulturkreisen finden sich frühgeschichtliche Hinweise auf die Nutzung der Hypnose, wie etwa in Indien oder bei druidischen Völkern. Indigene Völker haben eine lange Tradition der Trance. Ihre Schamanen sind Meister des hypnotischen Zustands und nutzen ihn seit Menschengedenken zur Heilung und für schamanische Reisen, die ihnen Visionen bescheren.

Wir erinnern uns: Der hypnotische Zustand ist ein ganz natürlicher Zustand. Wir erleben ihn alle tagtäglich, und das unabhängig von Kultur, Glaube und Zeitalter.

Im dunklen Mittelalter geriet die Hypnose erstmals in Verruf und wurde – wie viele andere Heilverfahren – als Teufelswerk abgetan. Von der Inquisition als ketzerisch eingestuft und verfolgt, geriet sie zunehmend in Vergessenheit, wenngleich Paracelsus im frühen 16. Jahrhundert von Klosterärzten berichtete, die ihre Patienten ganz ähnlich wie die alten Ägypter behandelten. Sie ließen sie in Kristallkugeln schauen, um eine Trance herbeizuführen und die Heilung einzuleiten, und unterstützten diese durch Sprüche und Handauflegen. Paracelsus selbst war der Ansicht, der beste Arzt sei der innere Arzt. Offenbar kannte auch er die Kraft der Suggestion und machte sich diese bei seinen Heilungen zunutze.

Interessant ist der Fall des Paters Johann Joseph Gassner, Schweizer Landarzt und Exorzist im 18. Jahrhundert. Im Laufe seiner Tätigkeit verfasste er ein Lehrbuch über die verschiedenen Formen der Besessenheit und deren Heilung durch hypnotische Techniken – wie wir dies heute nennen würden. Mittels Suggestion ließ er Krämpfe in verschiedene Körperteile fahren, die er als Zeichen für die Besessenheit von einem Dämon wertete. Als nächstes demonstrierte er seine Macht über diesen Dämon, indem er ihm befahl, Starre oder Wutausbrüche im Patienten hervorrufen. Dann schickte er sich an, den gezähmten Dämon auszutreiben, sprich: den Kranken von seiner Störung zu heilen.

Erinnern wir uns an dieser Stelle an die Sumerer: Auch fünftausend Jahre zuvor galten Krankheiten, wie etwa die Fallsucht, als Zeichen von Besessenheit. Der Priester oder Arzt war es, der den Kranken von dem Dämon heilte, und nicht der Patient selbst. Es sollte bis zum 19. Jahrhundert dauern, bis der Apotheker Émile Coué beobachtete, dass die Worte, die er seinen Kunden mit auf den Weg gab, einen Einfluss auf die Wirkung des verordneten Medikaments hatten. Er schloss daraus, dass wir alle durch (Selbst-)Suggestionen zu unserer Heilung und unserem Wohlbefinden beitragen können. Von ihm stammt auch der Ausspruch: »Der Mensch ist, was er denkt.«

Zurück ins 18. Jahrhundert. Wer die Oper mag und schon einmal Mozarts »Così fan tutte« gesehen hat, kennt die Szene, in der die beiden männlichen Protagonisten Ferrando und Guglielmo einen Selbstmord durch Gift vortäuschen und von dem Dienstmädchen Despina in der Verkleidung als Arzt durch Magnetismus geheilt werden. Mozarts Anspielung gilt seinem Gönner, dem Arzt und Heiler Franz Anton Mesmer. Dieser wiederum war ursprünglich Mitglied einer Untersuchungskommission über Johann Joseph Gassner und der Ansicht, der Landarzt heile seine Patienten durch die Anwendung des »thierischen Magnetismus« – den er selbst entdeckt zu haben glaubte. Mesmer vertrat die Ansicht, ein magnetisches Ungleichgewicht im Körper sei die Ursache vieler Krankheiten. Durch das Auflegen von Magneten sei es möglich, das Gleichgewicht im Körper wiederherzustellen – eine Theorie, die vor ihm auch andere Ärzte verfolgt und durch Handauflegen oder den Einsatz von Magneten umgesetzt hatten. Mesmer war überzeugt, dass er selbst ein so genanntes Fluidum in sich habe, das seine Mitmenschen magnetisiere. Er setzte daraufhin Streichbewegungen ein, um den Körper seines Patienten zu harmonisieren. Mesmer behandelte häufig mehrere Kranke im Kollektiv, und er setzte Spiegel und auch Musik begleitend zu seinen Heilungen ein. Da dieses Fluidum, von dem Mesmer sprach, physikalisch nicht messbar war, wurden seine Heilerfolge von einer Kommission der französischen Akademie der Wissenschaften allein der Einbildung zugeschrieben. Mesmers Einfluss war jedoch so groß, dass man noch heute im Englischen das Verb »to mesmerize« gebraucht, um eine allgemein hypnotisierende Wirkung zu beschreiben.

Auch der portugiesische Arzt und Priester Abbé Faria forschte auf dem Gebiet der Hypnose. Er wandte sich von Mesmers Begriff des animalischen Magnetismus ab und begründete die Heilungserfolge seines Kollegen allein durch die psychologische Wirkung. In eigenen Forschungen, die er unter anderem in Indien betrieben hatte, kam er zu der Erkenntnis, dass der Trancezustand eines Patienten durch Worte allein erzeugt werden kann. Auch gelang es ihm, die Schmerzempfindlichkeit seiner Patienten mithilfe von Suggestionen herabzusetzen.

»Wer heilt, hat recht«, sagte einst Hippokrates. Über die Jahrtausende hinweg gelangten Priester und Ärzte zu der Erkenntnis, dass eine Trance die Heilung eines Menschen möglich macht. Doch wie Hypnose wirkt, darüber stritten sich die Geister.

Immer wieder waren – und sind – Menschen davon überzeugt, bei Hypnose handle es sich um etwas, an das man glauben muss. Hypnose hat jedoch nichts mit Glauben zu tun. Gleich, ob sich jemand unter Hypnose operieren lässt oder zu einem Showhypnotiseur auf die Bühne kommt: Ist er bereit, sich auf die Hypnose einzulassen, so wird sie auch wirken. Umgekehrt: Wer nicht hypnotisiert werden will, der kann es auch nicht. Und: Wer nicht daran glaubt, sich aber darauf einlässt, wird feststellen, dass Hypnose auch bei ihm funktioniert.

Der Begriff »Hypnose« wurde 1820 von dem Mesmeristen Etienne F. d'Henin de Cuvillers geprägt, doch populär wurde er durch den englischen Augenarzt James Braid. Dieser hatte die Experimente des Schweizer Magnetiseurs Lafontaine beobachtet und schickte sich an, ihn als Scharlatan zu überführen. Allerdings musste er feststellen, dass all seine Versuchspersonen anders reagierten als er erwartet hatte. Wenige Minuten, nachdem sie einen glänzenden Knopf fixiert hatten, fielen sie in eine Trance. Statt die Fixationsmethode zu widerlegen, bewies Braid sie – und wandte sie schließlich selbst an. Da er zuerst vermutete, es handle sich bei der herbeigeführten Trance um einen schlafähnlichen Zustand, verwendete er das Wort »to hypnotize«, das schon bald geläufig wurde. Als Braid schließlich die Unterschiede zwischen Schlaf und Trance erkannte, hatte sich der Begriff Hypnose längst verbreitet. Mit dazu bei trugen auch die Werke, die er verfasst hatte und die in Fachkreisen gewürdigt wurden.

Auch wenn bald darauf chirurgische Eingriffe unter Hypnose durchgeführt und dokumentiert wurden, konnte sich diese als Heilverfahren noch nicht wirklich durchsetzen.

Als wissenschaftliche Behandlungsmethode anerkannt wurde die Hypnose in Deutschland erst im März 2006 durch den Wissenschaftlichen Beirat Psychotherapie. Dieser gilt hierzulande als höchste Instanz bei der Anerkennung von Therapieverfahren.

Die Universität Tübingen stellte dazu in einer Studie fest, dass Hypnose sich besonders zur Behandlung von Phobien, Belastungs-, Sexual- und Schlafstörungen, Übergewicht, psychosomatischen Erkrankungen, akuten und chronischen Schmerzen, Tabakmissbrauch und Bettnässen eignet.

In anderen Ländern gelangte die Hypnosetherapie weit früher zur Anerkennung. Wenden wir uns daher den USA zu und damit dem neuzeitlichen Meister der Hypnose, Milton Erickson.

Therapeutische Trance

Einer der wichtigsten und vielleicht beeindruckendsten Menschen auf dem Gebiet der Hypnose ist sicherlich Milton Erickson (1901–1980). Nicht nur die Techniken, die er entwickelt hat, sondern auch seine damit verknüpfte Lebensgeschichte üben eine große Faszination aus. Es ist die Geschichte eines Menschen, der aus einer schweren Zeit eine reiche Erfahrung schöpfte und schließlich allein mithilfe seiner Vorstellungskraft ins bewegte Leben zurückkehrte.

Mit achtzehn Jahren erkrankte Erickson schwer an Kinderlähmung und wurde nahezu bewegungsunfähig. Seine Eltern setzten ihn immer in einen Schaukelstuhl, während sie auf dem Feld arbeiteten. Der junge Erickson hatte den starken Wunsch, an das Fenster des Raumes zu gelangen, in dem er saß, um hinauszuschauen. Dieser Wunsch, verbunden mit der intensiven Vorstellung, das Fenster trotz seiner Bewegungsunfähigkeit zu erreichen, sorgte für so genannte ideomotorische Muskelbewegungen, also nicht bewusste, sondern allein durch das Denken erzeugte Bewegungen. Sie können diese Muskelbewegungen selbst erfahren, wenn Sie zum Beispiel ein Pendel in die Hand nehmen, es kreisen lassen und dann die Augen schließen. Während Sie sich nur vorstellen, wie das Pendel vor- und zurückschwingt, werden die ideomotorischen Muskelbewegungen dafür sorgen, dass es sich ohne Ihr bewusstes Tun in dieser Weise bewegt.

Erickson erzielte bald erste Erfolge und lernte, immer mobiler zu werden, bis es ihm gelang, durch die Kraft seiner Vorstellung den Schaukelstuhl zu bewegen und mit ihm zum Fenster zu kommen.

Er verbrachte viel Zeit im Rollstuhl und verstand es, diese Zeit für sich zu nutzen, indem er Menschen und ihre Art zu kommunizieren genau beobachtete. Bald erkannte er, ob das, was jemand sagte, auch mit dem übereinstimmte, was er wirklich meinte. Zugleich studierte er, welche Veränderungen seine Worte im Gegenüber hervorriefen. Später konstatierte er schlicht:

»Es gibt keine zwei Leute, die denselben Satz in der gleichen Weise verstehen.«

Erickson entwickelte sich zu einem Meister des Beobachtens, eine Fähigkeit, die ihm später als Therapeut sehr nützlich werden sollte. In diesen frühen Erfahrungen wurzelt auch seine eigene Therapie, die er Jahre später entwickelte. Zugleich bildeten sie den Grundstein zu seinem therapeutischen Sprachgebrauch, aus dem Jahre später das Neurolinguistische Programmieren hervorging.

Mithilfe von Visualisierungen überwand er die schwere Krankheit, bis er schließlich ohne Krücken laufen konnte.

Erickson studierte daraufhin Medizin und Psychologie an der Universität von Wisconsin und wurde später Facharzt für Psychiatrie. Noch während seiner Studienzeit beschäftigte er sich mit der Hypnose und erkannte die Möglichkeiten, die in ihr verborgen liegen. Doch ging es ihm in seinem therapeutischen Ansatz nicht darum, einem Patienten als Hypnotiseur eine Suggestion zu geben, um ihn zu einer Verhaltensänderung zu bewegen. Er begegnete seinen Patienten in deren Wirklichkeit, einer Welt eigener Vorstellungen und Deutungen – eine Fähigkeit, die er sich in den Jahren des Beobachtens zu eigen gemacht und in der er es zur Meisterschaft gebracht hatte. Was immer ein Mensch an Ressourcen mitbrachte, seien es Lebenserfahrungen, Talente und Fähigkeiten oder Erinnerungen, galt es seiner Ansicht nach zum Wohl und zur Gesundung zu nutzen.

Ein Beispiel soll dies verdeutlichen. Wenn jemand Angst vor dem Fliegen hat, trägt er dennoch die Fähigkeit bzw. die Ressource in sich, auch beim Fliegen entspannt zu sein, keine Angst zu haben und sich auf andere Dinge zu konzentrieren. Er kann in diesem Moment nur nicht darauf zurückgreifen. »Wir alle tragen die Ressourcen, die wir brauchen, in uns«, sagte Erickson hierzu. Mithilfe hypnotherapeutischer Techniken versetzte er seine Patienten in die Lage, die eigenen Ressourcen in sich zu entdecken und für sich nutzbar zu machen.

Ericksons Ansatz war grundsätzlich lösungsorientiert, er fragte nicht: »Was ist das Problem?«, sondern: »Was ist die Lösung, wo will ich hin?« So arbeitete er mit seinen Patienten, ohne weiter über das Problem zu reden, sondern direkt auf die Lösung fokussiert. Wenn wir uns zum Beispiel sagen: »Ich will keine Angst vor Spinnen haben«, so liegt der Fokus immer noch auf der Angst. Wenn wir uns aber sagen: »Ich will eine Spinne ansehen und dabei ruhig und gelassen sein«, dann ist der Fokus auf die Lösung gerichtet.

Neben dem Erarbeiten von Lösungsstrategien hatte er das Ziel, das Positive in einem vom Patienten als negativ bewerteten Verhalten zu finden, statt es abzuurteilen – eine Technik, die heute als »Utilisation« bekannt ist.

Viele der Ansätze, die er entwickelte, übte er an sich selbst und verfeinerte sie weiter - ein Grundsatz, dem auch ich mich in meiner Arbeit mit Klienten verschrieben habe. Die verschiedenen hypnotherapeutischen Sprachmuster, die Erickson entwickelte, sind heute als das »Milton-Modell« bekannt. Dabei handelt es sich um eine kunstvoll eingesetzte Sprache, die einen Einfluss auf das Denken und Fühlen des Patienten hat – Dinge, die Erickson während seiner Zeit im Rollstuhl erforschte.

Der große Vorteil dieser Sprachmuster ist es, dass der Klient den Eindruck vermittelt bekommt, er könne selbst entscheiden, wie er sich künftig verhält, wodurch weniger Widerstände aufgebaut werden. Darauf werde ich noch ausführlicher im Kapitel »Hypnotische Sprachmuster« eingehen.

Die Möglichkeiten der Hypnose und der Hypnotherapie wären ohne die Arbeiten von Milton Erickson sicher nicht so weit gediehen, wie sie es heute sind. Zu Recht gilt Erickson daher als der Meister der Hypnose.

It's Showtime

Ein begabter Redner, der voller Wortgewalt und Charisma das Publikum in Bann nimmt, ein Torschützenkönig, der sich geradezu in eine Trance spielt und die Fans mitreißt: Jede öffentliche Zurschaustellung kann, wenn sie das Publikum fesselt und hinwegträgt, etwas Hypnotisches haben. Dabei lohnt es sich, einmal mit ein wenig Distanz am Rande zu stehen und zu beobachten, wie Menschen im Geschehen aufgehen. Wie sie die Fäuste recken, in Siegestaumel verfallen und sich selbst darüber vergessen. Oft wirkt gerade auch die Masse verstärkend, reißt mit und trägt zu diesem außergewöhnlichen Gefühl bei.

Wir Menschen suchen nach Unterhaltung, wollen entführt werden aus unserem Alltag, einfach mal alles hinter uns lassen. Und wir suchen nach dem Ungewöhnlichen, wollen uns an die Grenzen des Machbaren herantasten, unsere Weltsicht neu ausloten. Wir belachen die Magie und suchen sie doch, haben unsere kleinen Rituale, unseren Aberglauben. Zugleich wollen wir manchmal einfach auch nur fliehen, raus aus der Routine, und wünschen uns den Zauber des Außergewöhnlichen herbei.

Hypnoseshow ... das Wort schürt Erwartungen. Jede Show spielt mit den Erwartungen der Zuschauer, überrascht, entführt, unterhält. Eine Hypnoseshow aber ist mehr als Unterhaltung. Da geschehen Dinge, die wir nicht für möglich gehalten haben. Hat Hypnose vielleicht doch etwas mit Magie zu tun? Oder ist alles bloß Schwindel? Wie kann das sein, dass Menschen innerhalb von Sekunden urplötzlich in einen schlafähnlichen Zustand verfallen, und das mitten auf der Bühne? Während die Zuschauer klatschen, reden, lachen? Und wie kann es sein, dass sie in Hypnose tatsächlich ihren Namen vergessen oder aus sich herausgehen und Talente zeigen, die sie sich im Wachzustand niemals zutrauen würden? Was ist echt? Und wo beginnt die Show?

Wandern wir noch einmal zurück, zu den Ritualen der Antike, der Heiltrance, den Orakeln. Da wurden Weihrauch und Myrrhe verbrannt, es wurde geopfert und gesalbt, der Rat oder Heilung Suchende in Trance versetzt, und dann ... dann erklangen die Stimmen der Götter. Angeblich. Das hatte durchaus etwas von einer Darbietung an sich.

Jahrhunderte später, als die Hypnose von Mesmer wiederentdeckt wurde, kamen die kollektiven Behandlungen in Mode. Es war die Zeit der Riechfläschchen und Ohnmachten, Hysterie war »in«. Gewiss kann man nicht alle Heilungen, die unter Mesmers Anleitung erfolgten, unter der Rubrik »Schauvorführung« einordnen. Unterhaltungscharakter hatten sie gewiss – und sie wurden dementsprechend in Schauspielen, der Literatur und besagter Mozart-Oper gern zitiert. Da saßen mehrere Menschen in Bottichen, durch Eisenstangen miteinander verbunden, und verfielen in Hysterie. Es passierte etwas Außergewöhnliches mit ihnen. Große Erwartungen wurden geweckt – und erfüllten sich selbst, wenn der »thierische Magnetismus« sie ergriff und heilend seine Wirkung tat.

Tatsächlich entstand die Bühnenhypnose aus der Tradition der Mesmeristen oder Magnetiseure, wie sie sich auch nannten. James Braid sah den Schweizer Charles Lafontaine, der als reisender Magnetiseur seine Künste zum Besten gab, erstmals 1841 in Manchester – und musste bald eingestehen, dass Lafontaine tatsächlich hypnotisieren konnte. Braid entwickelte in der Folge seine eigene Art der Hypnose und suchte nach einem wissenschaftlichen Ansatz. Ein Vorhaben, das bis heute niemandem wirklich gelungen ist. Auch wenn Hypnose offiziell als Heilverfahren anerkannt ist, so ist noch immer nicht geklärt, wie sie genau funktioniert. Auch das fasziniert die Menschen – damals wie heute.

Die ersten Berichte über Hypnotiseure, die Hypnose allein zu Unterhaltungszwecken einsetzten, datieren um das Jahr 1890. Eine Gruppe von Hypnotiseuren unter der Leitung von Thomas F. Adkin tourte durch die USA und gab ihre Künste vor ausverkauften Häusern zum Besten. Einige Shownummern, die schon damals aufgeführt wurden, zählen noch heute zum Repertoire vieler Hypnotiseure auf der ganzen Welt – wie zum Beispiel das »Hypnotische Orchester«. Dabei wird den freiwilligen Mitspielern auf der Bühne suggeriert, sie seien Orchestermusiker. Auf ein Zeichen des Hypnotiseurs hin greifen dann alle nach ihren imaginären Instrumenten und spielen darauf.

Öffentliche Schauvorführungen von anerkannten Medizinern waren Ende des 19. und Anfang des 20. Jahrhunderts auch in Europa gang und gäbe. In manchen Kreisen galt der Hypnotiseur als Variante des Magiers, der durch die Kraft seiner Suggestionen den Menschen Befehle gab, denen sie sich offenbar nicht widersetzen konnten.

Die Menschen waren fasziniert von dem, was sie auf den Bühnen und auf Jahrmärkten sahen. Überhaupt herrschte ein großes Interesse an ungewöhnlichen Geistesphänomenen, die Parapsychologie wurde geboren, Seancen wurden abgehalten. Hypnose aber fiel eher unter die Kategorie der außergewöhnlichen Unterhaltung, und das ist auch richtig so, denn mit Magie und Mystik hat sie nichts gemein.

Der deutsche Hypnotiseur Adolf Sinapius veröffentlichte zu Beginn des 20. Jahrhunderts die »Zehn Unterrichtsbriefe zur vollständigen Erlernung des Hypnotismus, Magnetismus usw.«. Im Anhang hierzu findet sich die Anleitung »Wie veranstalte ich hypnotische Vorführungen«. Sinapius beklagt sich im Vorwort darüber, dass inzwischen das »öffentliche Auftreten als Hypnotiseur oder Suggestator usw. verboten« sei . »Der befähigte Hypnotiseur wird deshalb seinen Wanderstab nehmen und nach den Ländern gehen müssen, welche dem Hypnotismus sympathischer gegenüberstehen als unser Vaterland«, empfiehlt er.

Zu seinem Programm gehörten Shownummern, die wir auch heute auf der Bühne sehen: Eine Person vergisst ihren Namen, eine andere kann sich nicht an die Zahl Fünf erinnern. Andere Experimente waren für seine Zeit typisch, etwa: »Die Person glaubt, Offizier zu sein.« Man stelle sich vor, wie im kaisertreuen Deutschland die Zuschauer reagiert haben müssen, wenn ein Freiwilliger plötzlich als Offizier auf Kommando des Hypnotiseurs seine imaginären Soldaten exerzieren ließ und sie herunterputzte.

In den Achtzigerjahren des 20. Jahrhunderts wurde die Showhypnose in Deutschland aufs Neue populär. Hypnotiseure traten in Diskotheken auf und verblüfften die Zuschauer mit Blitzhypnosen und Experimenten unter den Freiwilligen. Hier sind die Agierenden nicht fern auf einer Bühne von den Rängen aus zu betrachten, sondern das Publikum ist nah am Geschehen dran, wird in die Show mit eingebunden. Ähnlich verhält es sich in der bunten Welt des Varietés, wo Artisten, Magier und Mentalisten ihre Künste zum Besten geben. Realität und Fantasie vermischen sich, und mit einem Mal ist der Zuschauer der Star des Abends.

Auch ich betrachte meine Zuschauer, die als Freiwillige auf die Bühne kommen, als die wahren Stars des Abends. Denn: Hypnose ist nur möglich, wenn der andere sich darauf einlässt. Wer auf die Bühne kommt und im Stillen sagt: »Mit mir nicht, ich lasse mich nicht hypnotisieren«, wird recht behalten – auch wenn er sich dabei eine ganz außergewöhnliche Erfahrung versagt.

Die meisten Erfahrungen als Hypnotiseur sammelte ich bei Shows in Freizeitparks. Damals hielt ich es wie all meine Kollegen, die ich zu dem Zeitpunkt gesehen hatte: Ich gab mich mystisch. »Den großen Zampano machen«, wie ich das gern nenne. Doch richtig wohl fühlte ich mich in der Rolle nicht. Ich empfand Hypnose als etwas Natürliches, wollte sie herausrücken aus dem mystischen Nebel, der sie zuweilen umweht. Und das tat ich dann auch. Ausschlaggebend war eine Aufführung, die ich in Las Vegas gesehen hatte. In den USA hat die Showhypnose eine große Tradition, ein Besuch gehört zum Standardprogramm des Las-Vegas-Touristen. Mich faszinierte die Lockerheit, mit der mein amerikanischer Kollege vor das Publikum trat. Und so wurde er mein Rollenvorbild auch in deutschen Landen.

Wenn ich eine Show gebe, muss ich Vertrauen zu meinen Zuschauern aufbauen. Hypnose ist kein Geheimwissen, der hypnotische Zustand ist etwas, das wir alle täglich erleben. Wer sich darauf einlässt, entdeckt in sich ein weites Feld voller Möglichkeiten: Das alles kann ich!

Denn es ist nicht der Hypnotiseur, der ein Gefühl oder ein imaginäres Bild heraufbeschwört: Es ist die eigene Vorstellungskraft. Und es ist nicht der Hypnotiseur, der ein Talent hervorzaubert: Es war schon in uns, es war uns nur noch nicht bewusst. Und mit einem Mal begreifen wir: Du kannst es – und nun weißt du es. Nur weißt du vielleicht noch nicht, wie du dir dieses Können selbst erschließt. Und genau darum geht es im nächsten Teil dieses Buches.

Wie wäre es also, wenn ich Sie jetzt dazu einlade, Ihre verborgenen Möglichkeiten zu entdecken?

Teil 2

UNSERE FÄHIGKEITEN, UNSER POTENZIAL

Alles bloß Einbildung!

Der Glaube kann Berge versetzen

Kauf dich glücklich!

Du trägst es in dir

Sicher im Alter!

Stell dir vor, stell dir vor, stell dir vor ...

Ich bin immer der Dumme!

Sieh mal dort!

Ich habe einfach kein Glück ...

Ich war schon immer so!

1 DIE KRAFT DER VORSTELLUNG

Machen wir uns also nun auf den Weg, dieses Meer – oder Mehr – an Möglichkeiten zu entdecken. Auf unseren Reisen – seien es äußere oder innere – benötigen wir ein wenig Ausrüstung, um sie angenehm zu gestalten. Fahren wir über ein reelles Meer, brauchen wir ein Boot, einen Kompass, eine Schwimmweste. Und natürlich Proviant.

Wollen wir das innere Meer erkunden, so sind wir selbst das Boot wie auch das Wasser, denn alles ist schon in uns – alle Möglichkeiten, alle Antworten. Die Kraft der Imagination hilft uns, unsere Reise angenehm zu gestalten und unsere Ziele anzuvisieren. Suggestionen können uns eine Richtung vorgeben und uns unterstützen. Klippen und Untiefen umschiffen wir, indem wir unsere negativen Glaubenssätze und Verhaltensmuster erkennen und ändern, sodass wir uns selbst nicht länger im Wege stehen. Denn wir haben das Zeug dazu, Hindernisse zu überwinden und in unser Potenzial hineinzuwachsen. Die Kenntnis der Sprachmuster schließlich hilft uns im Dialog mit uns selbst und anderen, die uns auf unserer Reise begegnen.

Sie mögen kein Wasser? Das Meer in all seiner Weite bereitet Ihnen Unbehagen?

Kein Problem!

Dann stellen wir uns eine Brücke vor oder einfach einen geraden Weg, die in das Reich des Unbewussten führen. Mit jedem Schritt gelangen wir näher an unsere verborgenen Möglichkeiten heran. Mit jedem Schritt werden wir mehr und mehr wir selbst.

Die hypnotherapeutischen Techniken, die ich im Folgenden beschreibe, sind die Ausrüstung, die wir auf unserem Weg hin zu unserem Potenzial brauchen. Das Spannende daran ist, dass all diese Werkzeuge weder etwas kosten noch schwer zu handhaben sind: Wir kennen sie längst, haben sie nur vielleicht gerade »verlegt«. Imagination, Suggestion, Glaubenssätze, Verhaltens- und Sprachmuster sind unsere natürlichen Ressourcen, auf die wir im hypnotischen Zustand ganz einfach zurückgreifen können.

Sind Sie bereit für die Reise?

Dann geht es los.

»Fantasie ist wichtiger als Wissen, denn Wissen ist begrenzt«, sagte Albert Einstein. Und es ist wahr: Mithilfe der Fantasie sind wir frei, uns vorzustellen, was immer wir wollen. Das kann etwas sein, das wir bereits erlebt haben, an das wir uns nun erinnern und es vielleicht umformen, es schönen, übertreiben. Wir können aber auch etwas völlig Neues schaffen.

In der Tat ist die Gabe der Fantasie eine einzigartige Ressource des menschlichen Bewusstseins. Nicht nur die Kunst, die Musik und die Literatur, die Philosophie und die Religion schöpfen aus der Vorstellungskraft, sondern auch die Wissenschaft und die Technik. Manchmal dient sie auch zum reinen Überleben. Sei es, dass wir uns aus einer bedrohlichen Situation retten – oder dass wir uns aus ihr innerlich zurückziehen, um uns zu schützen.

Die Kraft der Fantasie ist uns allen von klein auf gegeben.

Die Luft ist staubig. Vielleicht ist es auch der Sand, der von der Wüste herüberweht. Hinter dem Dunst spielende Kinder. Ein Mädchen, dürr bis auf die Knochen, hat einen Stock in der Hand und wiegt ihn. Er ist seine Puppe.

Manchen Kindern hilft sie zu überleben, ein Trauma zu bewältigen. Andere zaubern ihre eigenen Welten, die sie für real halten.

Oft sagen wir von künstlerisch kreativen Menschen, sie hätten sich ihre kindliche Fantasie erhalten. Nun ist es aber nicht so, dass diese Gabe verschwindet, während wir heranwachsen. Sie rückt nur in den Hintergrund, wir greifen meist seltener darauf zurück. Doch auch das ist nicht bei jedem gleich. So gibt es durchaus Erwachsene, die völlig in ihren inneren Welten aufgehen und ganze Parallelleben in ihrer Vorstellung führen. Andere behaupten von sich selbst: »Ich habe einfach keine Fantasie.« Das ist ein Glaubenssatz, der irgendwann einmal in das eigene Denken aufgenommen und für wahr befunden wurde, auch wenn er nichts mit der objektiven Wahrheit gemein hat. Ein Mensch, der von sich behauptet, keine Vorstellungskraft zu haben, hat diesen Satz vielleicht einmal von den

Eltern, von Freunden oder Lehrern gehört, und zwar in einer Situation, die sich tief in sein Selbstbild eingeprägt hat. Doch das bedeutet nicht, dass er wahr ist.

Fantasie – eine mächtige Verbündete

Wir alle greifen tagtäglich auf unsere Vorstellungskraft zurück, verlassen uns auf sie, strukturieren mit ihrer Hilfe den Alltag. Unsere Erwartungen sind Vorstellungen. Träume. Ideen. Hoffnungen. Der Glaube, die Philosophie. Erinnerungen. Pläne, die wir schmieden, der Film, der in unseren Gedanken abläuft.

Stellen Sie sich vor, Sie fahren mit dem Auto zu einem Vorstellungsgespräch. Sie möchten diese Stelle unbedingt bekommen, denn sie entspricht vollkommen Ihren Erwartungen. In Gedanken gehen Sie die möglichen Fragen und Antworten durch, mit denen Sie konfrontiert werden könnten.

Plötzlich geraten Sie in einen Stau, nichts geht mehr. Fieberhaft überlegen Sie, ob es eine Abfahrt in der Nähe gibt und ob die Nebenstraßen frei sein werden, sodass Sie rechtzeitig zu Ihrem Termin kommen können. Gleichzeitig formulieren Sie in Gedanken, was Sie sagen, wie Sie sich entschuldigen könnten, damit Sie nicht schlecht dastehen. Sie wägen ab, ob Sie wohl einen neuen Termin bekommen, versuchen einzuschätzen, ob Sie es doch noch rechtzeitig schaffen. Wahrscheinlich reagiert sogar Ihr Körper, Ihr Puls wird schneller, Sie schwitzen.

All dies sind übliche Dinge, mit denen unser Verstand sich offenbar die Zeit vertreibt: Erwartungen, innere Monologe, der Versuch, unbekannte Situationen einzuschätzen ... Vielleicht haben Sie sich ja in die soeben geschilderte Situation hineinbegeben und sie mit der Kraft der Fantasie plastisch werden lassen, sie nachempfunden. Vermutlich ist es Ihnen leichtgefallen, denn die Situationen Autofahren, Vorstellungsgespräch, Stau werden Ihnen oder Menschen in Ihrer Umgebung vertraut sein. Der menschliche Verstand ist ständig damit beschäftigt, sich Vorstellungen zu machen. Vielleicht sagen Sie einmal laut und deutlich »Stopp!«, um den inneren Dialog abreißen zu lassen. Beobachten Sie, wie lange es dauert, bis der nächste Gedanke entsteht und Sie einfängt. Jeder Reiz im Außen, der auf unsere Sinnesorgane trifft, kann neue Assoziationsketten hervorbringen. Aus diesen Gedanken entstehen Vorstellungen. Angefangen von dem Paar Schuhe, das wir kaufen und bei dem wir uns überlegen – uns vorstellen –, ob es zu der Hose oder dem Kleid passt, bin hin zu der nächsten Urlaubsreise – alles Vorstellung.

Sie glauben noch immer, dass Sie einfach keine Fantasie haben? Lesen Sie das Wort in der nächsten Zeile:

Fantasie

Sie haben es gelesen? Vielleicht möchten Sie mir folgen, nun die Augen schließen und das Wort, das Sie eben gelesen haben, erinnern. Wenn Sie sich nicht sicher sind, öffnen Sie die Augen einfach wieder und schauen noch einmal hin, bevor Sie es erneut versuchen und das Wort in Ihren Gedanken aufgetaucht ist. Gut!

Sie haben die schwarzen Lettern vor sich gesehen. Vielleicht möchten Sie sie in einer anderen Farbe gestalten? Rot? Passt das? Oder blau? Gefällt Ihnen die Schrift? Oder würden Sie es vielleicht in der alten Weise mit einem Ph statt F schreiben? Wie sähe das dann aus?

Sie haben Gebrauch von Ihrer Vorstellungskraft gemacht, die Erinnerung an das Wort, an Farben und Schreibweisen herangezogen. Erinnerungen werden mithilfe unserer Fantasie verarbeitet. Wir haben ein Bild gespeichert und verändern es. Handelt es sich dabei um Erinnerungen, die sich auf uns persönlich beziehen, verändern wir sie meist so, dass sie uns – und damit unserem Bild von uns selbst – entsprechen.

Das Beispiel mit dem Wort »Fantasie« diente dazu, Ihnen zu zeigen, dass die Vorstellungskraft etwas ganz Natürliches ist. Sie müssen aus dem vorgestellten Wort nicht gleich ein surreales Kunstwerk machen, um sich als fantasiebegabt zu beweisen. Am Anfang des Weges gilt es, sich die Ressource bewusst zu machen. Das ist der erste Schritt hin zu ihrer absichtsvollen Nutzung. Und: Die Vorstellungskraft kann man trainieren. Haben Sie Lust dazu?

Suchen Sie in Ihrer Umgebung eine Farbe, die Sie anspricht. Schließen Sie die Augen und stellen Sie sich diese Farbe vor. Es klappt noch nicht? Das macht nichts, Sie können es trotzdem. Bestimmt kennen Sie das alte Spiel: »Ich seh etwas, das du nicht siehst!« Spielen Sie es mit mir!

»Ich seh etwas, das du nicht siehst, und das ist – weiß!« Schauen Sie sich um ... Finden Sie etwas Weißes?

Vielleicht wird Ihnen nun bewusst, dass Sie eine Vorstellung von der Farbe besitzen müssen, um einen entsprechenden Gegenstand zu benennen. Ich kenne Ihre Umgebung nicht, doch wenn ich sage: »Ich seh etwas ... und das ist weiß!«, dann werden Sie in der Lage sein aufzuzählen, was ich gemeint haben könnte. Das wäre ohne jegliche Vorstellungskraft nicht möglich.

Wenn wir die Augen schließen und eine Farbe imaginieren wollen, ist es manchmal nicht so leicht, sie zu erinnern. Schließlich wird es erst einmal dunkel, wenn unsere Lider geschlossen sind. Die vorgestellte Farbe sehen wir aber nicht mit unseren Augen, sondern mit unserem Verstand. Es kann sein, dass es Ihnen leichter fällt, sich die jeweilige Farbe auf weißem Untergrund vorstellen. Sie können den weißen Untergrund auch einfärben oder Erinnerungen an etwas heranziehen, das diese Farbe hat.

Wenn es Blau ist, denken Sie möglicherweise an den weißen Strand und das Meer, das sich blau davon abhebt. Es kann auch ein Foto sein, das Ihnen in den Sinn kommt. Oder Sie erinnern sich an ein Urlaubsbild, eine farbige Anzeige.

Dabei sollten wir nicht vergessen, dass unsere Fantasie nicht allein Bilder erzeugt, sondern all unsere Sinne umspannt, die von Mensch zu Mensch ganz unterschiedlich ausgeprägt sind. Und das äußert sich auch in unserer persönlichen Vorstellungsgabe. Ein Maler lebt in der Welt der

Farben, ein Musiker in der Welt des Klangs. Wer Düfte komponiert, hat einen extrem geschulten Geruchssinn, und wer Wein verkostet, schenkt dem Geschmackssinn seine volle Aufmerksamkeit. Ein Tänzer hat ein ausgeprägtes Körperbewusstsein ... Und doch müssen wir keine Fachleute sein, um die Fantasie walten zu lassen. Wir haben die Freiheit, unsere Gabe so zu leben, wie es sich für uns stimmig anfühlt. So müssen wir das blaue Meer nicht sehen, sondern können es auch hören, riechen, schmecken, fühlen.

Bei manchen von uns überlagern sich zudem die Vorstellungen und Sinnesreize. Es gibt Menschen, die in ihrem Geist eine bestimmte Farbe sehen, wenn sie eine Tonart hören. Interessant ist in diesem Zusammenhang, dass die vorgestellte Farbe nicht mit der Schwingungsfrequenz des jeweiligen Grundtons in Verbindung steht. Manch einer sieht vielleicht Tiefblau, wenn er D-Dur hört, ein anderer aber Sonnengelb. Das ist das Faszinierende an uns Menschen – wir haben so viel gemeinsam, und doch sind wir alle unterschiedlich in unseren Wahrnehmungen.

Wenn wir einen Blick darauf werfen, auf welche Art und Weise sich die Imagination bei uns ausdrückt, erkennen wir einen Teil von uns selbst, der uns vielleicht gar nicht bewusst war.

Wie ist das bei Ihnen? Wenn Sie an eine Zitrone denken, was kommt Ihnen dann in den Sinn? Das strahlende Gelb? Der frische Geruch? Stellen Sie sich vor, Sie beißen hinein. Läuft Ihnen das Wasser buchstäblich im Munde zusammen? Viele Redner und auch Schauspieler benutzen übrigens diesen Trick, wenn ihnen der Mund trocken wird.

Vielleicht spüren Sie auch die leicht wächserne Schale in Ihren Händen, prüfen in Ihrer Vorstellung nach, ob die Zitrone reif ist oder noch zu hart. Oder tropft der Fruchtsaft auf Ihre Hand? All das ist schon Fantasie, all das ist Vorstellungskraft.

Spielen Sie ein wenig mit Begriffen. Sie werden schnell merken, dass Menschen in Ihrem Umfeld oft völlig anders reagieren als Sie. Was kommt Ihnen in den Sinn, wenn ich zum Beispiel *Blume* sage? Stellen Sie sich diese Blume einmal vor: Ist sie groß oder eher klein, wie ist der Stängel beschaffen? Welche Farbe hat die Blüte? Wie fühlt sich die Blume an? Ist sie fest oder eher weich?

Eine gute Methode, auf die eigenen Ressourcen zurückzugreifen, besteht darin, dass man sich Fragen stellt und dabei übertreibt. Also etwa: Ist Ihre Blume drei Meter hoch und schon verwelkt? Hat sie tellergroße Blätter? Nein? Oft hilft uns die Übertreibung, unsere eigene Vorstellung von etwas herauszuschälen und uns ihrer bewusst zu werden.

Diese Blume, die Sie sich soeben vorgestellt haben, kommt aus Ihrem Innern. Schauen Sie doch einmal nach, wie sie später am Abend aussieht, wenn auch Sie sich zur Ruhe begeben haben.

Ein anderen Beispiel: der *Strand.* Stellen Sie sich vor, Sie liegen am Strand, möglicherweise auf einer Liege. Können Sie das Meer rauschen hören? Vielleicht riechen Sie das Salz in der Luft, schmecken es auf Ihren Lippen. Spüren Sie den Wind, der über Ihre Haut fährt. Möglicherweise spüren Sie die Wärme der Sonne auf Ihrem Gesicht. Atmen Sie tief durch und genießen Sie diesen angenehmen Zustand.

Wie ist es Ihnen gelungen, sich auf diesen Strand einzulassen?

Der Umgang mit der eigenen Vorstellungsgabe ist nicht allein Spielerei. Denn die Imagination ist eine mächtige Verbündete in unserem Leben. Wir werden im dritten Teil dieses Buches ein wenig mehr üben und uns einen Wohlfühlraum und manches mehr schaffen.

Alles bloß Einbildung?

Was immer wir uns vorgestellt haben, das können wir auch verändern. Zu dieser Ansicht gelangte schon der französische Psychiater Pierre Janet Ende des 19. Jahrhunderts. Etliche seiner späteren Kollegen gründeten ihre Therapieformen auf der Kraft der Imagination oder banden sie in ihre Behandlungsmethoden ein, unter ihnen C. G. Jung, Hanscarl Leuner mit seiner geführten Tagtraumtechnik, Eugene Gendlin und viele andere mehr. Entspannungstherapie baut auf der Kraft der Vorstellung auf, aber auch die anerkannte Krebstherapie nach Simonton, in der Patienten lernen, ihr Immunsystem zu mobilisieren. Überhaupt finden sich im Bereich der Medizin und Heilung ungezählte Beispiele für die Kraft der Imagination.

Ganz offenbar spielt die Vorstellungskraft beim Gesundwerden eine große, ernstzunehmende Rolle. Jedes neue Heilverfahren wird heutzutage in Studien anhand von Placebos ertestet. Mit Placebo ist in der Regel ein Stoff gemeint, der ohne jegliche Wirkung ist und als Kontrolle zu dem eigentlichen Medikament eingesetzt wird. Es kann sich dabei um eine Tablette oder Injektion, aber auch um ein Gerät oder sogar eine Operation handeln. Ein Placebo kann bei den Patienten zudem nicht nur Heilerfolge erzielen, es kann auch mögliche Nebenwirkungen hervorrufen. In zahlreichen wissenschaftlichen Studien hat sich gezeigt, dass allein der Glaube, ein wirksames Medikament verabreicht zu bekommen, schon ausreichen kann, gesund zu werden. Und dabei handelt es sich keineswegs nur um leichte Befindlichkeitsstörungen, die oft von selbst verschwinden. So behandelte ein amerikanischer Orthopäde einhundertachtzig Patienten, die unter Knie-Arthrose litten. Zwei Drittel operierte er nach der klassischen Methode, bei den verbleibenden sechzig Patienten setzte er nur oberflächliche Schnitte und ließ sie in dem Glauben, operiert worden zu sein. Nach Ablauf von zwei Jahren gaben neunzig Prozent seiner Patienten an, mit dem Erfolg der Operation zufrieden zu sein. Unter denen, die sich als schmerzfrei bekannten, waren die zum Schein operierten Patienten in der Überzahl. Ein überraschendes Ergebnis – doch in der Placeboforschung ist so etwas mittlerweile gang und gäbe.

Die wissenschaftlichen Studien über Placebos sind zu zahlreich, als dass man all die erstaunlichen Erfolge als Zufall oder bloße Einbildung abtun könnte. Ganz offensichtlich ist der »innere Heiler« stark am Gesundwerden beteiligt. Doch gerade die Placeboforschung zeigt uns, dass wir Menschen in uns Ressourcen haben, auf die wir ohne Hilfsmittel meist nicht zugreifen können. Wir glauben, wir brauchen den Arzt, der die Diagnose stellt, wollen einen Namen für die Krankheit und für die Behandlung sowie ein möglichst neues, hochwirksames Medikament. Schon im 19. Jahrhundert erkannte der französische Arzt Armand Trousseu: »Man sollte so viele Patienten wie möglich mit den neuen Arzneien behandeln, solange sie noch die Macht haben zu heilen.« Die Vorstellungskraft, zusammen mit der Suggestion, kann wahre Wunder vollbringen.

Wie wäre es nun, wenn wir Menschen die Kraft hätten, ohne äußere Hilfsmittel – wie das Placebo oder das Medikament, den Arzt im weißen Kittel oder den Ort der Wunderheilungen – auf unsere Selbstheilung einzuwirken? Wie wäre es, wenn nicht Selbstzweifel und negative Erwartungen, die oft mit einer Diagnose einhergehen, und letztendlich Angst uns beeinflussen würden?

Hier genau kann die Hypnose ansetzen. Im hypnotischen Zustand sind wir eher bereit, eine Suggestion als Wahrheit anzunehmen, und zugleich empfänglich für hypnotische Sprachmuster. Wie wir gesehen haben, ist in der Hypnose der kritische Teil in uns weniger aktiv, er kann leichter umgangen werden. Das betrifft sowohl Kritik, die wir von außen erwarten, als auch unseren inneren Kritiker. Beide rücken wir im Geist einfach ein Stück beiseite. Auf diese Weise umschiffen wir die Klippen, die Hindernisse auf unserem Weg zu Gesundheit und Wohlbefinden.

Dies machte sich auch der bereits erwähnte Onkologe Dr. Carl Simonton zunutze. Simonton arbeitete zuerst als Radioonkologe, bestrahlte also krebskranke Patienten. Dabei stellte er fest, dass seine Patienten größere Behandlungserfolge verzeichneten und weitaus seltener unter den üblichen Nebenwirkungen litten, wenn sie sich begleitend zur Bestrahlung mehrmals täglich bildlich vorstellten, wie der Tumor durch die Therapie kleiner und kleiner würde.

Simonton machte daraufhin eine Studie, aus der hervorging, dass Psychotherapie die Überlebenschancen von Krebskranken signifikant erhöht. Wissenschaftler der Stanford-Universität wollten diese Studie widerlegen, doch erstaunlicherweise kamen sie zu den gleichen Ergebnissen. Simonton entwickelte in der Folge eine Methode, die sich aus Entspannung und Visualisierung zusammensetzt und darauf abzielt, das Immunsystem zu stärken. Der Patient stellt sich dabei bildlich vor, wie die Helferzellen seines Immunsystems den Tumor eliminieren.

Ähnlich wie Milton Erickson arbeitet Simonton mit den Ressourcen des Patienten. Dabei meidet er Worte wie »Schmerz«, »Krankheit«, »Hoffnungslosigkeit« und spricht stattdessen von »fehlender Hoffnung«, von »nicht wünschenswerten« oder »nicht erfreulichen Erfahrungen«, um entsprechende Gefühle von Hoffnung, Wünschen und Freude wachzurufen. Viele Menschen haben mit seiner Form der Krebstherapie ihre Selbstheilungskräfte stärken können und zudem das Gefühl zurückgewonnen, Kontrolle über die Krankheit zu haben. Sie haben eine Vision der Heilung erschaffen.

Ziele visualisieren

Wir müssen aber nicht erst krank werden, um die Kraft der Vorstellung für uns zu nutzen. Wir können sie gleich jetzt einsetzen, um unser Potenzial zu erkunden und unser wahres Wesen zu entfalten.

Eine wichtige Technik, die eng mit der Imagination zusammenhängt, ist das Visualisieren. Vielleicht haben Sie schon einmal im Fernsehen gesehen, wie sich ein Bobfahrer auf seine Strecke vorbereitet. Sie können beobachten, wie er mit geschlossenen Augen die Strecke »fährt«. Dies ist sein Training, er visualisiert den zurückzulegenden Weg ins Ziel.

Warum funktioniert diese Technik so gut? Unser Gehirn kennt nur die Gegenwart. Wenn wir uns an etwas erinnern und auch wenn wir etwas für unsere Zukunft konstruieren, es uns also vorstellen, dann passiert das immer in der Gegenwart. Wenn also ein Bobfahrer in Gedanken seine Strecke durchgeht, dann ist das für sein Gehirn so, als würde er sie wirklich fahren. Es ist wie ein Training unter optimalen Bedingungen. Er verinnerlicht die Wegstrecke – und wie er sie meistert.

Genau dies können Sie für sich nutzen, indem Sie Ihre Ziele visualisieren. Je genauer Ihr Bild ist, desto besser. Denn sobald wir ein inneres Bild von etwas haben, folgen wir fast automatisch dem Bestreben, diese Vorstellung Wirklichkeit werden zu lassen. Alles, was wir dann tun, bewegt sich in die Richtung unseres Bildes. Und nicht nur das: Wenn Sie sich in diese Richtung bewegen, wird auch Ihr Umfeld mitziehen.

Innere Bilder steuern unser eigenes Verhalten, unsere eigene innere Einstellung, und sie steuern auch das Verhalten von anderen. Vielleicht haben Sie das schon an sich selbst oder anderen beobachtet? Wer als Star auftritt, wird auch als solcher behandelt, genau so kommt ein Starkult zustande. Wer unschlüssig ist und ziellos umherdriftet, wird Mühe haben, die richtige Arbeit zu finden und Unterstützung zu erfahren. Tatsächlich ist das Finden von Zielen häufig die schwierigste Etappe auf dem Weg. Darüber später mehr. Doch wir können inzwischen im Kleinen üben. Der Bobfahrer, der seinen Weg visualisiert, geht auch Meter für Meter vor.

Vielleicht möchten Sie das Buch aus der Hand legen und aufstehen, um etwas zu erledigen? Wartet irgendeine Aufgabe auf Sie, die Sie vor sich herschieben? Keine Sorge, ich fordere Sie nicht auf, jetzt die längst fällige Steuererklärung abzuschließen oder den ungeliebten Anruf zu tätigen, der schon eine Weile wartet. Doch wie wäre es, wenn Sie das Ganze in der Vorstellung üben? Wenn Sie sich selbst visualisieren, wie Sie sich an die Arbeit machen und die Aufgaben Schritt für Schritt bewältigen? Denken Sie auch daran, sich den Erfolg und die Erleichterung vorzustellen, wenn Sie erst mit allem fertig sind.

Sie werden feststellen, dass die Visualisierung auch kleiner Ziele Sie im täglichen Leben unterstützt. Alles geht Ihnen leichter von der Hand, wenn Sie sich die Vorstellung zu Ihrer Verbündeten machen. Das nutzen übrigens auch Bodybuilder in ihren täglichen Workouts. Studien haben bewiesen, dass die Visualisierung von definierten Muskelgruppen während des Trainings einen signifikanten Effekt erzielt. Sie würden auch gern einen definierten Körper haben, können sich aber nicht überwinden, etwas dafür zu tun? Dann stellen Sie es sich doch einfach vor. Das ist der erste – und wirkungsvollste – Schritt zum Erfolg.

Stell dir vor …

Hypnoseshows zeigen sehr eindrucksvoll, wie stark die Imagination sich auf unser körperliches Befinden auswirkt. Zu Beginn meiner Show »Du bist dann mal weg« suggeriere ich den Freiwilligen, die zu mir auf die Bühne kommen, wie die Klimaanlage ausfällt und es plötzlich immer wärmer wird. Die Leute auf der Bühne bilden sich nur ein, dass sie schwitzen, doch sie wischen sich über die Stirn, und manch einer wird rot im Gesicht. Im hypnotischen Zustand sind sie bereit, meiner Suggestion zu folgen. Im Unterbewusstsein steht die Erinnerung »schwitzen« zur Verfügung, und schon verbinden sie diese Informationen mit der Vorstellung der ausgefallenen Klimaanlage und reagieren darauf.

Genau diesen Effekt können wir uns alle zunutze machen, ohne auf die Bühne gehen zu müssen. Wer friert, kann sich vorstellen, dass ihm warm wird. Wer Lust auf ein Eis hat, kann sich vorstellen, eines zu essen. Wer Abstand und Erholung braucht, kann sich in seiner Fantasie auf eine Reise begeben. Wenn wir Durst, aber gerade nichts zu trinken zur Hand haben, können wir uns das Getränk unserer Wahl vorstellen. Dabei gehen wir vielleicht ins Detail und nutzen all unsere Sinne, wie wir es im Beispiel mit der Zitrone erfahren haben. Unser Körper wird bis zu einer gewissen Grenze darauf reagieren. Natürlich kann uns die Vorstellung nicht vor dem Verdursten retten, doch sie kann uns helfen, eine unangenehme Situation zu überbrücken.

Wenn wir verspannt sind, können wir uns ein angenehmes Bild vorstellen, bei dem wir ganz automatisch loslassen. Jeder hat dafür sein eigenes Bild, jeder seine eigenen Ressourcen.

Die Vorstellungskraft kann noch mehr, wie ich in Shows immer wieder erlebe. Sie kann aus einem Plastikauto für Kinder einen schnittigen Camaro zaubern. Ein willkürlicher Zuschauer wird plötzlich der Fußballer Ronaldo, ein anderer die schönste Frau, der begehrenswerteste Mann der Welt.

Wer an ein Wunder glaubt, ist bereit, ein solches zu erleben. Es liegt im Rahmen seiner Vorstellung. Wer eine Vision hat und ihr folgt, mobilisiert alle ihm zur Verfügung stehenden Kräfte, um das anvisierte Ziel zu erreichen. Wer bereit bleibt, über das Ziel hinaus weiterzugehen, setzt sich selbst keine Grenzen.

Imagination ist die Magie unseres Geistes. Wissen kann uns bereichern, Imagination aber verzaubern.

2 SUGGESTIONEN

Schon im alten Ägypten und sogar früher wussten die Priesterärzte, dass wir Menschen im Zustand der Trance empfänglich sind für Suggestionen. Sie nutzten die Beeinflussbarkeit ihrer Patienten, um die Heilung voranzubringen. Diese Methode war gang und gäbe, sie gehörte zur Behandlung ebenso dazu wie die einzelnen Inhaltsstoffe einer Arznei. So finden sich im bereits erwähnten Papyrus Ebers neben zahlreichen und oft erstaunlichen Rezepten auch Begleitsprüche für das Verabreichen eines Heilmittels. Sie enden dann mit dem Ratschlag: »Zu sprechen während des Trinkens eines Heilmittels. Eine erfolgreiche Methode, millionenmal ⸢bewährt⸣.«[1]

Über drei Jahrtausende später stellte der Apotheker Emile Coué fest, dass die Worte, mit denen er ein Medikament an seine Kunden aushändigte, einen deutlichen Einfluss auf die Wirkung desselben hatten. Von ihm stammt das berühmte Zitat: »Es geht mir mit jedem Tag in jeder Hinsicht immer besser und besser.« Anfangs arbeitete Coué mit aufmunternden Sprüchen, um seine Patienten

---

1 http://www.medizinische-papyri.de/PapyrusEbers/1280/html/kolumne_ii.html

zur Selbstheilung anzuregen. Später entwickelte er aus seinen Erfahrungen die Methode der Autosuggestion. Anders als seine frühen Kollegen in Ägypten, Mesopotamien oder Griechenland glaubte Coué nicht daran, dass eine höhere Macht hierbei am Wirken sei. Er rief keine Götter an, die er um einen Heilzauber bat. Ganz im Zeichen seiner aufgeklärten Zeit fand er die mögliche Erklärung für die Wirksamkeit von Suggestionen im Innern des Menschen. So sagte er frei heraus zu seinen Patienten: »Ich habe keine Heilkraft, nur Sie selbst.«[2]

Die Macht der Worte

Vielleicht haben Sie Ähnliches schon an sich selbst beobachtet? Stellen Sie sich vor, Ihr Arzt verschreibt Ihnen ein Mittel mit den Worten: »Hier haben wir etwas ganz Neues, das mit großem Erfolg eingesetzt wird. Endlich ist es auch bei uns auf dem Markt. Es wird Ihnen helfen, nehmen Sie bitte täglich zwei Tabletten. Wir sehen uns dann in zwei Wochen zur Kontrolle. Bis dahin sollte es Ihnen wieder besser gehen.« Und der Apotheker, der Ihnen das Mittel verkauft, sagt das Gleiche, erzählt, dass es bisher allen Patienten geholfen hat und Ihr Arzt Ihnen das bestmögliche Mittel verordnet hat.

---

2 http://www.uni-protokolle.de/Lexikon/%C9mile_Cou%E9.html

Wie aber wäre es, wenn Ihr Arzt sagen würde: »Das sieht schlecht aus. Ich verschreibe Ihnen mal ein Mittel, das angeblich helfen soll. Es ist neu auf dem Markt, da heißt es ja immer, dass es hilft. Schließlich müssen die Millionen, die in die Forschung gesteckt wurden, ja irgendwo wieder reinkommen. Wie auch immer: Wir wissen ja, dass die Vorstellungskraft der beste Heiler ist. Also nehmen Sie es, und kommen Sie in zwei Wochen vorbei, dann werden wir weitersehen. Ach ja, wegen der Nebenwirkungen ... Lesen Sie sich das mal genau durch. Jedes Medikament ist schließlich ein Eingriff in Ihre natürlichen Körperfunktionen. Da sollten Sie gut aufpassen, was es mit Ihnen macht. Notieren Sie alles, was Ihnen auffällt.« Und der Apotheker zeigt Ihnen statt einem aufmunternden Lächeln eine kritische Miene. »Das hat Ihnen Ihr Arzt verschrieben? Nun ja, er hat schließlich studiert. Da sollte er eigentlich wissen, was er tut.«

Das gleiche Medikament. Und die negativ wirkenden Suggestionen sind – bei näherer Betrachtung – nicht mal allesamt Unwahrheiten.

Arzt und Apotheker sind Autoritätspersonen, der weiße Kittel wirkt auf uns suggestiv, er sagt uns unterschwellig: Diese Person hat Recht, sie hat das Wissen (und die Macht), mich gesund zu machen. Wir tragen in uns die Bereitschaft, uns von Autoritätspersonen beeinflussen zu lassen.

Worte haben Macht über uns, sie können uns in entsprechenden Situationen stark beeinflussen. Wir geben unser Wort. Wir verletzen mit Worten, bauen auf, entzünden Streit oder schließen Frieden. Ein einzelnes Wort kann uns für immer verändern.

Was kommt Ihnen spontan in den Sinn, wenn Sie das Wort »Suggestion« lesen, daran denken? Vielleicht spüren Sie einmal hin, denn Suggestion kann vieles sein, viel mehr, als Ihnen bewusst sein mag.

Das Wort geht auf das lateinische *suggere* zurück: »darlegen«, »vorschlagen«, aber auch »unterschieben«, »einflüstern«, »vorgaukeln«. Ich selbst mag in meiner Arbeit lieber die im Englischen übliche Bedeutung von *to suggest,* also »vorschlagen«. Dieses Wort ist frei von dem Anflug von Manipulation, die im hiesigen Sprachgebrauch mit »suggerieren« einhergeht. Denn im Deutschen ist mit Suggestion meist die Beeinflussung von unserem Denken, Fühlen und Handeln gemeint. Diese Manipulation geht mit Befehlen einher, die sich an das Unterbewusstsein richten und sich am Bewusstsein selbst vorbeischlängeln. Das kann auf unterschiedliche Arten und mit verschiedenen Absichten geschehen.

Kontrolle und Glück

Genau dieser Gedanke an Manipulationen ist es, der uns die Hypnose unheimlich macht: Wir wollen unter keinen Umständen zu einem Handeln aufgefordert oder gar gebracht werden, das wir im bewussten Zustand nicht zulassen würden. Wir haben Angst, die Kontrolle abzugeben. Und das ist unter Umständen auch gut so. Diese Angst schützt uns nämlich davor, die Kontrolle über uns leichtfertig an jemanden abzugeben, der dies zum Nachteil von uns selbst oder anderen ausnutzen würde.

Die Angst vor Kontrollverlust ist tief im Menschen verwurzelt. Kontrolle über unser Leben verschafft uns Sicherheit. Wer mit dem Auto auf Glatteis gerät, versucht unter Einsatz aller Ressourcen, die Kontrolle zurückzugewinnen. Meist handeln wir in derartigen Situationen nach einem bestimmten Muster: Auf die Schrecksekunde folgt hektisches Handeln, das von einem Gefühl der Erleichterung oder aber Ohmacht abgelöst wird. Anschließend heißt es abwarten oder aber die Initiative ergreifen und handeln, bis die Kontrolle wieder hergestellt werden kann. Wer öfter einem Kontrollverlust ausgesetzt ist, wie durch Verlust eines Menschen, eines Arbeitsplatzes, der Gesundheit, kann tiefe Ängste entwickeln und schließlich resignieren, weil er sich als Spielball des Schicksals empfindet.

Hinter unserem Bedürfnis nach Kontrolle liegt das Wissen, dass wir im Grunde keine Kontrolle haben. Unser Leben ist fragil, und es ist nach wie vor ein Mysterium. Können wir sicher sein, dass unser Herz in der nächsten Sekunde noch schlägt? Dass kein Erdbeben unseren Landstrich heimsucht? Gedanken dieser Art machen uns Angst. Wenn wir mit Naturkatastrophen oder dem Tod konfrontiert werden, wird uns bewusst, wie wenig unser Leben unserer Kontrolle unterliegt.

Menschen investieren viel in die Scheinkontrolle, ganze Branchen arbeiten dafür. »Sicher im Alter« – kann das wirklich jemand versprechen? Die Wahrscheinlichkeit, dass wir alt werden, ist hoch – doch das Leben hält sich nicht an Wahrscheinlichkeitsrechnungen. So gesehen, zielt dieser Werbespruch geschickt auf das unterschwellige Gefühl von Unsicherheit, was unser Leben betrifft, er suggeriert uns Kontrolle über das Schicksal. Er verspricht uns eine Sicherheit, die er in vielen Fällen vielleicht auch halten, niemals aber garantieren kann.

Viele Suggestionen in der Werbung sprechen unsere Grundbedürfnisse und Ängste an. Ihr Ziel ist es, unser Fühlen, Denken und Handeln zu beeinflussen, sodass wir schließlich genau das tun, was vom Werbekunden gewünscht wird. Worte wie »Glück« und »Sicherheit« rufen in uns innere Bilder hervor, die mit starken Emotionen verknüpft sind. Jeder hat eine innere Vorstellung vom Glück, und nahezu jeder könnte glücklicher sein, als er momentan ist. Und so öffnen wir uns der Suggestion, da sie uns unterschwellig anspricht.

Sich einfach fallen lassen

Neben der Angst, kontrolliert zu werden, haben wir aber auch das Bedürfnis, uns fallen zu lassen. Wie Kinder, die vom Baum springen ... Wir wollen Vertrauen haben können, wünschen uns, aufgefangen zu werden.

Wenn ich das »Hinlegen« in der Hypnoseshow als Blitzinduktion wähle, geschieht genau das. Nach einigen einleitenden Worten sage ich dem Freiwilligen auf der Bühne, dass er in seinem Rücken eine Kraft spürt, die ihn leicht nach hinten zieht. Das ist ein natürliches Körpergefühl, das sich einstellt, wenn wir mit beiden Beinen fest auf dem Boden stehen. Meist ist es uns nur nicht bewusst. Ich sage dann meinem Probanden, dass er nun dieser Kraft nachgeben, sich einfach fallen lassen kann. Ich fange ihn auf, lege ihn sanft hin und gebe ihm eine weitere Suggestion, sodass er noch tiefer loslassen kann.

Das ist ein starkes Gefühl, und es wirkt sich auch auf die Menschen in der Umgebung aus. Binnen Sekunden hat sich jemand eingelassen auf meine Worte, sich fallen lassen. Wer immer Zeuge davon wird, spürt vielleicht auch in sich die Bereitschaft dazu.

Nicht allein das Hinlegen bedient dieses Bedürfnis, diesen Wunsch in uns, zu vertrauen. Wir würden ja alle gern ein bisschen Misstrauen ablegen, einem Fremden glauben, ihm folgen können. Ja sagen können. Auch dieses Gefühl ist stark in uns, doch es wurde über die Jahre unseres Lebens hinweg oft enttäuscht. Mit uns Menschen wurde und wird gespielt. Und damit meine ich nicht nur die geschickten (wenn auch mehr oder weniger offensichtlich manipulierenden) Reden, die beispielsweise im Wahlkampf geschwungen und in denen uns Dinge versprochen werden, die keiner halten wird. Erinnern wir uns, wie viele Jahrtausende Menschen für ein selbstbestimmtes Leben gekämpft haben. In Diktaturen unterliegt die Kontrolle dem Staatsoberhaupt oder dem Militär, da werden das Denken der Menschen, ihre Werte und ihr Handeln vom Staat diktiert, jeder Einzelne wird offen manipuliert. Davon sind wir in unserem Kulturkreis inzwischen weit entfernt – glauben wir. Doch auch wir sind viel leichter unterschwellig zu manipulieren, als es uns bewusst ist.

Gerade die Kenntnis hypnotherapeutischer Methoden und das Erlernen ihrer Werkzeuge hilft uns aufzudecken, was tagein, tagaus an manipulativen Suggestionen auf uns einwirkt.

Dann lernen wir auch wieder, dort zu vertrauen, wo es angebracht ist. Misstrauen ist wie ein Schutzschild, es lässt weder Nähe noch Erfahrungen zu. Und es hilft uns nicht zu erkennen, wem wir vertrauen können und wem nicht. Wer uns manipuliert und wer es ehrlich mit uns meint.

Die Vielfalt der Suggestionen

Betrachten wir einmal näher, was alles Suggestionen sind, stellen wir etwas Erstaunliches fest: Sie finden sich in allen Lebensbereichen und sind nicht nur an Worte gebunden.

Da gibt es die *Autosuggestion* – Sätze, die wir zu uns selbst sagen. Sie können uns anspornen – »Komm, du schaffst das!«. Wir motivieren uns, erinnern uns, dass wir ähnliche Situationen schon gemeistert haben. »Noch eine Stunde, dann bist du durch damit! Das wäre doch gelacht, jetzt wird nicht aufgegeben!« Ob wir nun eine Bergwanderung machen, einen vollen Terminkalender abarbeiten, die Nervosität vor einem Vorstellungsgespräch in den Griff bekommen wollen: Wir helfen uns ganz automatisch selbst mit entsprechenden Suggestionen. Oft sagen wir uns dabei etwas, das andere uns vorgesagt und das wir als für uns wahr und nützlich erkannt haben. Wir wiederholen Aufmunterungen, die zum Teil noch aus unserer Kindheit stammen.

Vielleicht aber unterstützen wir uns ja gar nicht, sondern putzen uns selbst fortwährend herunter? »Das kriegst du niemals hin!«, »Du hast einfach kein Glück mit so etwas!«, »Das brauchst du erst gar nicht zu versuchen!«. Und hiermit nähern wir uns dem Thema des nächsten Kapitels, unseren Glaubenssätzen. Sie sind eng mit unserem Selbstbild und demzufolge auch mit Selbstsuggestionen verknüpft. Dazu später mehr.

Auf der nonverbalen Ebene können wir zum Beispiel äußere Dinge wie Kleidung und Accessoires dazu nutzen, uns – und anderen – etwas zu suggerieren. Auch die Körperhaltung kann suggestiv wirken. Spielen Sie einmal mit dem Satz »Du schaffst das!«. Richten Sie sich dabei auf, die Schultern gerade, der Kopf erhoben. Das gibt Ihnen bestimmt ein anderes Gefühl, als wenn Sie sich zusammenkauern und mit leiser Stimme diesen Satz murmeln würden.

Die *Heterosuggestion* bezeichnet die Beeinflussung von außen. Und das ist ein weites Feld, das sich zu entdecken lohnt. Werfen Sie einmal einen Blick auf die nächste Werbeanzeige oder das nächste Plakat.

Allein dieser Satz war schon eine Suggestion. Ich habe Sie zu einer Handlung aufgefordert, die Sie aus sich heraus wahrscheinlich gar nicht in diesem Moment tun wollten. Streng genommen habe ich Sie manipuliert. Das Entscheidende an einer Suggestion ist aber das, was dahintersteht.

Widmen wir uns jedoch erst einmal den Werbesprüchen. Sie sind es wert, genauer betrachtet zu werden. Und ja, auch das war wieder eine Suggestion. Anders könnten wir kaum kommunizieren.

Lassen Sie ein Plakat, einen Werbetext auf sich einwirken. Was ruft er in Ihnen hervor? Welche Absicht steckt dahinter?

Wenn Sie sich bewusst damit beschäftigen, ist er nicht länger ein Auslöser in Ihrem Unterbewusstsein, der Sie zum Handeln verleitet. Sollten Sie das nächste Mal in eine Kauftrance geraten und dann ganz automatisch zu dem Produkt greifen, während es im Regal neben gleichwertigen, aber günstigeren Produkten steht, wissen Sie: Die Werbung hat mir suggeriert, es zu kaufen. Sie können innehalten und sich bewusst für oder gegen das Produkt entscheiden. Nebenbei ist auch der Weg durch den Supermarkt eine Suggestion. Achten Sie einmal darauf, wie die Waren angeordnet sind. Die Süßigkeiten an der Kasse sollen die Kinder manipulieren, das wissen wir. Und was ist mit dem frischen Obst und Gemüse am Eingang?

Wann immer wir in unserem Leben achtsam handeln, unterliegen wir nicht länger den Suggestionen, die uns zu einem ungewollten Handeln verleiten wollen. Das betrifft auch die *Massensuggestion*, bei der auf eine ganze Gesellschaftsgruppe Einfluss genommen wird. Achtsamkeit und die Kenntnis der Techniken, die genutzt werden, sind unser wahrer Schutzschild gegen ungewollte Manipulation durch Suggestionen.

Spannend sind auch *Suggestivfragen.* »Möchten Sie Butter oder Mayonnaise aufs Sandwich?«, fragte mich eine Verkäuferin. Ohne es zu wissen, verwendete sie ein in der Hypnotherapie bekanntes Sprachmuster, ein so genanntes Double Bind. Spontan wollte ich »Mayonnaise« sagen, aber dann fiel mir auf, dass ich im Grunde viel lieber Frischkäse hätte. Welche Anstrengung es bedeutete, mich – auch angesichts der langen Schlange hinter mir – gegen die Suggestion zu wehren und meinen Frischkäse zu verlangen! Sie glauben es nicht? Dann achten Sie einmal auf Suggestivfragen, die Ihnen im Alltag gestellt werden. Oder greifen Sie ab und an selbst darauf zurück? Fragen Sie vielleicht Ihr Kind abends, wenn Sie es ins Bett schicken: »Möchtest du vor dem Einschlafen ein Lied oder eine Geschichte hören?«

Ganze Berufszweige arbeiten mit Suggestivfragen, unter anderem Anwälte und die Polizei: »Wann haben Sie das letzte Mal mit der Polizei zu tun gehabt?« Das lässt einen erst mal stutzen, ein schlechtes Gewissen stellt sich ein, der letzte Strafzettel kommt einem in den Sinn. Und schon ist man in der Position, sich verteidigen zu wollen. Ganz anders wäre dies, wenn es stattdessen hieße: »Haben Sie schon einmal mit der Polizei zu tun gehabt?«

Doch es sind nicht nur Worte, die suggestiv wirken. Haben Sie eine Visitenkarte zur Hand? Spielen Sie in Ihrer Vorstellung mit dem Design und spüren Sie hinein, welchen Eindruck Sie damit erwecken. Vielleicht übertreiben Sie das Ganze einmal in Gedanken, um der Vorstellungskraft auf die Sprünge zu helfen. Stellen Sie sich beispielsweise die Visitenkarte Ihres Bankberaters in Rosa und geblümt vor. Das weckt eine ganz andere Erwartung als das klassische Graphit auf weißem, griffigem Papier.

Ähnlich verhält es sich mit unserem Erscheinungsbild. Ein Rockmusiker im Anzug? Ein Versicherungsfachmann in Lederkluft? Ein Pilot in Flip-Flops oder ganz ohne Schuhe? Das gibt es, auf den Malediven. Und auch das ist Suggestion: Die Barfußpiloten gehören zum Urlaubsfeeling schon dazu.

Und wie wäre es mit einem Hypnotiseur mit pendelnder Taschenuhr? Mit Kajalstift um die Augen und einem Zaubererhut auf dem Kopf? Dem »größten Hypnotiseur der Welt«?

Womit wir uns wieder dem eigentlichen Thema nähern: der Hypnose. Suggestionen sind, wie wir gesehen haben, nicht zwangsläufig an die Hypnose gebunden. Sie können auch in einem gewöhnlichen Bewusstseinszustand auf uns einwirken. Der hypnotische Zustand allerdings birgt besondere Möglichkeiten in sich und macht uns empfänglich für Suggestionen. Wir können uns dies zunutze machen, wenn wir bewusst in einen hypnotischen Zustand gehen und uns dann sorgsam ausgewählte Suggestionen erteilen, die uns unterstützen. Das können Sie leicht für sich selbst nutzen. Wichtig ist dabei Folgendes: Suggestionen werden positiv und in der Gegenwart formuliert. Also nicht: »Ich werde schon nicht versagen«, sondern: »Ich schaffe das!« Denken Sie auch daran, dass in unserem Unterbewusstsein häufig das »Prinzip der Wortwörtlichkeit« gilt. Suggestionen werden nach diesem Prinzip verstanden und dann auch umgesetzt.

Ein Beispiel: Im Rahmen einer Show suggeriere ich manchmal einem Freiwilligen, dass er seinen eigenen Namen vergisst. Dabei habe ich früher immer gesagt: »Du hast deinen eigenen Namen vergessen, jeder andere Name fällt dir ein, nur deinen eigenen Namen hast du vollkommen aus deinem Gedächtnis gestrichen.« Anschließend wecke ich die Person und frage dann natürlich beiläufig, wie sie heißt. Dabei erwarte ich ein Schweigen, eine nachdenkliche Miene, ein Rumgedruckse und als Antwort: »Keine Ahnung, ich weiß es nicht, er fällt mir gerade nicht ein.« Allerdings ist es mir damals passiert, dass eine Frau einen Namen sagte: »Birgit.« Ich selbst kannte ihren wirklichen Namen natürlich nicht, also dachte ich selbstverständlich, ich hätte etwas verkehrt gemacht und die Nummer sei missglückt. Als ich nach der Show dann mit der Frau ins Gespräch kam, stellte sich heraus, dass sie in Wirklichkeit Anke hieß.

Ich wunderte mich, irgendetwas lief da verkehrt. Als ich schließlich meine eigene Suggestion unter die Lupe nahm, wurde mir klar, warum das hatte passieren können.

Finden Sie es heraus?

Genau: »... jeder andere Name fällt dir ein ...«, das waren meine Worte. Damit wollte ich ausdrücken: »... von jedem anderen fällt dir der Name ein.« Aber gemäß dem Prinzip der Wortwörtlichkeit bedeutete meine Suggestion für Anke eben etwas anderes. Und so sagte sie dann statt ihres eigenen Namens, den sie auf meine Suggestion hin zwischenzeitlich vergessen hatte, einen beliebigen, der ihr gerade eingefallen war: »Birgit.« Eigentlich sehr clever.

Achten Sie auf solche Prinzipien, die in Ihrem Unterbewusstsein gelten, wann immer Sie Suggestionen formulieren. Am wirksamsten sind Suggestionen übrigens, wenn sie mit einer bildlichen Vorstellung verknüpft sind. Denn: Ein Bild hat das Bestreben, sich zu verwirklichen.

3 GLAUBENSSÄTZE UND MUSTER

Wenn wir einen neuen Vorsatz fassen, dauert es meist nicht lange, und wir begegnen den ersten Hindernissen auf unserem Pfad. Gestern noch waren wir überzeugt, mit dem Rauchen aufzuhören, uns gesund zu ernähren, uns mehr zu bewegen, Ordnung in unsere Papiere zu bringen oder seit langem anstehende Aufgaben endlich zu erledigen. Doch heute will es einfach nicht klappen, was wir uns fest vorgenommen haben. »Morgen!«, sagen wir uns und meinen es in diesem Augenblick auch wirklich so. Doch am nächsten Tag ist es meist nicht besser.

Oft liegt dies an alten Gewohnheiten, also unseren festgefahrenen energetischen Mustern. Es gibt jedoch noch eine andere Art von Hindernissen, die uns gewaltig blockieren können. Auch von ihnen war hier und da schon die Rede, doch ich möchte an dieser Stelle tiefer auf sie eingehen: die Glaubenssätze.

»Das ist einfach so!«

Glaubenssätze haben eine immense Kraft. Sie bestimmen in hohem Maße unser Leben. Öfter als uns gemeinhin bewusst ist, beeinflussen sie unsere Handlungen und Gedanken. Dabei sind Glaubenssätze nicht durchweg etwas Negatives. Ohne sie hätten wir es schwer, uns in der Fülle an Reizen und Informationen, die unablässig auf uns einstürmen, überhaupt zurechtzufinden. Wir zimmern uns Glaubenssätze, die den Rahmen unseres Selbstbildes und das Fundament unserer Welt darstellen.

»Wenn ich anderen helfe, wird auch mir geholfen.«

»In der heutigen Zeit denkt jeder nur an sich.«

»Das ist einfach so.«

Überlegen Sie mal: Sind das vielleicht Ihre Glaubenssätze? Nein? Welche dann?

Unsere Glaubenssätze sind zum einen ein Produkt unserer Kindheit und Erziehung. Zum anderen ziehen wir Erfahrungen zu Rate, schlussfolgern und übernehmen, manchmal auch unbesehen, die Prinzipien anderer als unsere eigenen. Manche Glaubenssätze scheinen unumstößlich: »Es sagt doch jeder, dass ...« Sie werden gar nicht hinterfragt – auch wenn sie nicht zwingend wahr sein müssen.

Glaubenssätze wirken in unserem Unterbewusstsein. Sie merken es daran, dass sie Ihnen häufig gar nicht bewusst sind. Eine wichtige Funktion des Unterbewusstseins ist es, all unsere Erfahrungen und Eindrücke zu speichern. Nehmen wir zum Beispiel ein Kind, das sich an einer Herdplatte verbrennt. Diese Erfahrung ist für immer im

Unterbewusstsein gespeichert – viele von uns haben sie gemacht. Nachdem wir uns verbrannt haben, werden wir fortan nicht durch das Leben gehen und Tag für Tag denken: Ich darf nicht an eine Herdplatte fassen, ich darf nicht an eine Herdplatte fassen, ich darf nicht ...

»Wenn ich eine heiße Herdplatte anfasse, dann verbrenne ich mich.« – die Erfahrung wird zu einem Glaubenssatz, der im Unterbewusstsein gespeichert wird. Er hilft uns, uns vor Verbrennungen zu schützen. Zugleich wirkt er wie ein Filter: In der Küche können ungezählte Reize auf uns einwirken, all die Gerüche, die uns vielleicht das Wasser im Munde zusammenlaufen lassen, die Farben, die unterschiedlichen Konsistenzen: kalt, gefroren, köchelnd, dampfend ... Ohne nachdenken oder uns konzentrieren zu müssen, meiden wir die heiße Herdplatte, vergewissern uns vielleicht sogar, ob die Platten auch wirklich nicht angestellt sind, bevor wir etwas draufstellen.

Von der Erfahrung mit der Herdplatte schließen wir vielleicht auf andere Dinge. Wir meiden Flächen, die heiß sind, auch wenn wir keine direkte Erfahrung damit gesammelt haben. Wir übertragen unser Wissen somit auf andere Bereiche und kreieren weitere Glaubenssätze, nach denen wir unser Verhalten ausrichten.

Wir springen von einer Mauer, aber nicht von einem Haus – »Da wirst du dir das Genick brechen.« Das muss nicht unbedingt so stimmen, aber für gewöhnlich meiden wir die Gefahr und gehen das Risiko nicht ein. Ein innerer Beobachter wacht sozusagen über uns. Doch dieser kann in seiner Wachsamkeit heruntergefahren werden, sei es durch Alkohol und Drogen oder durch Gruppenzwang.

Das Paradoxe an Glaubenssätzen ist, dass wir unser Leben nach ihnen ausrichten, obwohl sie uns meist nicht bewusst sind. Oft können wir auch gar nicht begründen, warum wir etwas als Glaubenssatz annehmen.

»Wer wagt, gewinnt.«

»Erst die Arbeit, dann das Vergnügen.«

»Alles, was ich anfasse, gelingt mir.«

Glaubenssätze können durch Wiederholung entstehen: Wenn Sie dreimal hintereinander bei einer Lotterie gewonnen haben, werden Sie vielleicht sagen: »Ich bin einfach ein Glückspilz.«

Das muss beim vierten Mal schon gar nicht mehr zutreffen, aber Ihr Unterbewusstsein hat den Satz als Wahrheit akzeptiert. Großzügig filtert es die Nieten heraus, die Sie womöglich ziehen, und wenn Sie beim zwölften Versuch wieder gewinnen, rückt es den Satz erneut in Ihr Bewusstsein und verstärkt ihn.

Andere Glaubenssätze haben nichts mit der eigenen Erfahrung zu tun. Wir übernehmen sie im Laufe unseres Lebens von anderen Menschen, die einen Einfluss auf uns haben. Von den Eltern, von Lehrern, von Idolen, die wir uns schaffen, von der Gesellschaft, in die wir hineingeboren werden.

Unterstützende Glaubenssätze wirken wie fortwährende Suggestionen und helfen uns, unsere Ziele zu erreichen. Doch es gibt auch die einschränkenden Glaubenssätze:

»Ich werde nur geliebt, wenn ich Leistung erbringe.«
»Ich kann das niemals alles schaffen.«
»Ich kann einfach nicht mit Geld umgehen.«
»Ich kann mich nicht durchsetzen.«

Solche einschränkenden Glaubenssätze sind die wahren Stolpersteine auf unserem Weg. Oft sind sie so mächtig, dass wir allein nicht dagegen ankönnen. Und nicht nur wir glauben daran: Weil wir unser ganzes Leben danach ausrichten, nimmt uns auch unsere Umgebung durch das Raster unserer Glaubenssätze wahr. Stellen Sie sich einen Menschen vor, der selbst überzeugt ist, dass er sich niemals durchsetzen kann. Würden Sie ihm eine Aufgabe übertragen, bei der er seine sprichwörtlichen Ellbogen benötigt? Vielleicht würden Sie es tun, wenn Sie spüren, dass er in Wirklichkeit ein großes Potenzial hat, das er nicht nutzt. Dann käme es darauf an, ob Ihre Vision klar genug ist, den Glaubenssatz aufzulösen, oder ob er so stark wirkt, dass er den anderen an der Aufgabe scheitern lässt.

Werden alte Erfahrungen durch neue ersetzt, wandelt sich ein Glaubenssatz. Doch wir können auch selbst tätig werden und unsere Glaubenssätze aktiv verändern. Eine Möglichkeit sind die so genannten Submodalitäten oder Untereinheiten, die unsere Erfahrung der Wirklichkeit kodieren. Ich werde gleich näher auf sie eingehen.

Der erste Schritt bei der inneren Arbeit mit Glaubenssätzen ist, sie als solche zu erkennen. Dies kann durch Reflexion passieren, im Vergleich mit anderen, oder auch durch Hypnose.

Wenn wir Erfahrungen sammeln, die konträr zu unserem Glaubenssatz stehen, stellen sich erste Zweifel ein. Diese sind gewissermaßen der Anstoß, der das Hindernis ins Wanken bringt.

Man hat festgestellt, dass die Verarbeitung von Glaubenssätzen meist in Bildern geschieht. Denken Sie beispielsweise an den sprichwörtlichen Fels in der Brandung, einen Menschen, auf den man sich in jeder Lebenslage verlassen kann, der aber auch selbst niemals eine Schwäche zeigt bzw. zeigen darf. Insgesamt machen wir uns Bilder von der Wirklichkeit und nutzen dabei unsere fünf Sinne. Wenn man nun in der Lage ist, diese Bilder zu verändern, kann man auch die Bewertung der Glaubenssätze verändern.

Die Beliebtheitsskala

Es gibt bestimmt jemanden in Ihrem Leben, den Sie gar nicht leiden können. »Diese Person kann ich nicht ausstehen!« – so oder so ähnlich lautet Ihr Glaubenssatz. Jetzt möchte ich Sie bitten, sich diesen Menschen vor Ihrem geistigen Auge vorzustellen – mit all seinen Eigenheiten, die Sie nicht leiden können.

Wenn Sie sich diesen Menschen vorstellen und dann auf einer Skala von eins bis zehn einordnen müssten – 1: Ich kann ihn überhaupt nicht leiden, dieser Mensch ist mir absolut zuwider ... 10: Dies ist der beste Mensch der Welt. Ich liebe ihn geradezu – wo wäre dieser Mensch? Wählen

Sie eine Zahl, die ihm Ihrem Gefühl nach entspricht. Gut! Merken Sie sich diese Zahl.
Jetzt möchte ich Sie bitten, sich diese Person noch einmal vorzustellen. Wie weit entfernt steht sie? Sehen Sie die Person farbig oder schwarz-weiß? Ist das Bild scharf oder unscharf? Sehen Sie sie weiter oben oder weiter unten, mehr links oder mehr rechts? Gut! Haben Sie das?
Dann möchte ich Sie jetzt bitten, dieses Bild zu verändern. Beginnen Sie mit der Farbe, machen Sie die Farben zum Beispiel heller. Vielleicht sogar so, dass sie das Bild überstrahlen. Oder, wenn es sich besser anfühlt, machen Sie die Person weniger hell. Vielleicht stellen Sie sich die Person weiter weg vor. Rücken Sie sie im Bild nach hinten und/oder machen Sie sie kleiner. Wie wäre es, wenn Sie über Ihr Bild einen Weichzeichnereffekt legen?
Wenn Sie jetzt diese Person noch einmal auf Ihrer Skala einordnen, wo steht sie jetzt? Hat sich die Zahl verändert?

Bei den meisten Menschen verändert sich durch diese Übung die Bewertung auf der »Beliebtheitsskala«. Und das, obwohl wir ja den Menschen nicht verändert haben. Das haben wir nur mit den bereits kurz erwähnten Submodalitäten getan. Genauer gesagt, haben wir die »Merkmale« unserer Wahrnehmung verändert.

Unsere Wahrnehmungskanäle unterteilen sich in:

Visuell - Sehen

Auditiv - Hören

Kinästhetisch - Fühlen

Olfaktorisch - Riechen

Gustatorisch – Schmecken

Aus deren Anfangsbuchstaben ergibt sich die Abkürzung VAKOG, sie steht ganz allgemein für unsere fünf Sinneskanäle. Die Submodalitäten oder Untereinheiten sind beispielsweise:

Visuell : heller/dunkler, scharf/unscharf, nah/weit weg, farbig/schwarz-weiß, groß/klein

Auditiv: laut/leise, klar/dumpf, hoch/tief, angenehm/schrill, Quelle und Ort des Geräuschs, schnell/langsam (beispielsweise der Sprechrhythmus)

Kinästhetisch: intensiv/weniger intensiv, schwer/leicht, angenehm/schmerzhaft, sanft/rau, heiß/kalt, trocken/feucht

Olfaktorisch: angenehm duftend/stinkend, intensiv/weniger intensiv

Gustatorisch: lecker/widerlich, süß/sauer, scharf/mild

In der Übung haben Sie für die Person, die Sie nicht mögen, die Submodalitäten des visuellen Sinneskanals genutzt und mit ihrer Hilfe das Bild verändert. Auf diese Weise lassen sich all unsere Glaubenssätze verändern. Was wie ein Spiel klingt, ist in Wahrheit eine starke Ressource, die unser Gefühl für uns selbst und die Welt um uns herum wandeln kann. Aus »Das schaffe ich nie!« wächst mit einem Mal eine neue Option heran: »Das Ziel ist erreichbar, es gibt einen Weg.«

Im Selbstgespräch

Eine einfache, aber sehr wirksame Methode, um ein gewohntes Muster zu unterbrechen und Abstand zu gewinnen, sich aus dem Erleben zu dissoziieren, besteht darin, sozusagen in ein Selbstgespräch zu gehen. Dabei erzählt man sich einfach das, was gerade passiert. Das könnte sich zum Beispiel so anhören:

»Ach, schau mal, das ist ja interessant, da habe ich ja wieder eine Zigarette in der Hand. Und ich habe es nicht einmal bemerkt, wie ich sie angezündet habe. Das ist schon faszinierend, wie mein Unterbewusstsein arbeitet. Vielleicht kann es mich beim nächsten Mal daran erinnern, dass ich eine Wahlmöglichkeit habe, damit ich mir die Frage stelle: Muss ich die jetzt wirklich rauchen? Eigentlich kann ich die ja jetzt auch ausmachen.«

In dieser Arbeit an sich selbst geht es darum, sein Verhalten zu bemerken und es gleichzeitig zu kommentieren. Das hat zur Folge, dass man aus dem eigenen Erleben herausgeht. Und wenn man sich herausgenommen hat, fällt es leichter, sich neue Handlungsweisen zu überlegen.

All das zeigt: Hindernisse auf unserem Weg können immer auch eine Herausforderung sein. Wir haben die Fähigkeit in uns, sie zu meistern. Geben wir uns selbst eine Chance zur Veränderung.

4 HYPNOSETHERAPIE

Eine Therapie macht es sich zur Aufgabe, einen Menschen zu heilen, sei es, dass er physische oder psychische Probleme hat. Auch wenn Hypnose eines der ältesten Heilverfahren der Menschheit ist, dauerte es viele Jahrhunderte, bis sie sich von ihrem ketzerischen Ruf im Mittelalter befreit hatte und neue Anerkennung fand.

Noch heute sind viele Menschen der Ansicht, an Hypnose müsse man glauben, damit sie wirken kann – wenn überhaupt. Hypnotische Techniken ordnen sie gern der Mystik oder gar Esoterik zu – ungeachtet der Tatsache, dass Hypnose (wie wir gelesen haben) inzwischen auch in Deutschland offiziell anerkannt ist. Insbesondere wird sie eingesetzt bei Phobien (Flugangst, Höhenangst, Angst vor Spinnen usw.), zum Stressabbau, bei Sexualstörungen, Konzentrationsschwächen, Schlafstörungen und zur Schmerzbehandlung (chronische Schmerzen, Migräne).

Zum einen gibt es Therapeuten, die mit der »klassischen« Hypnose arbeiten. Hierbei werden dem Patienten in Trance Suggestionen gegeben, die sich an das Unterbewusstsein richten und auf diese Weise eine Wirkung über die Sitzung hinaus entfalten. Der Vorteil der klassischen

Methode ist, dass sie schnell wirkt – wenn keine Widerstände vorhanden sind. Baut ein Patient jedoch große Widerstände auf, ist es nahezu unmöglich, ihn auf diese Weise zu behandeln. Denn: Gegen seinen Willen kann keiner hypnotisiert werden.

Dennoch hat die klassische Hypnose schon vielen Menschen geholfen sich zu verändern und wieder in sich wohlzufühlen.

Daneben gibt es Therapeuten, die mit der »indirekten« Hypnose arbeiten. Dabei wird der hypnotische Zustand nicht unbedingt »bewusst«, sondern suggestiv durch die Verwendung von hypnotischen Sprachmustern und Empathie herbeigeführt. Manchmal kann es langwierig sein, auf diese Weise die Ziele und Ressourcen zu identifizieren und auch zu nutzen. Doch gerade Patienten, die Angst haben, in Hypnose die Kontrolle zu verlieren, können einen großen Nutzen aus diesem Therapieverfahren ziehen.

Der lösungsorientierte Ansatz

Gerade wenn eine Show gut gelungen ist, sitze ich manchen Abend in der Garderobe und denke über mein nächstes Ziel nach: mithilfe der Hypnose ausschließlich zu heilen. Oft kommen auch Menschen nach einer Show zu mir und bitten mich um Hilfe. Das kann die verlorene Geldbörse sein, bei deren Auffinden ich behilflich sein soll, aber immer öfter sind es andere Gründe: Wer selbst mit angesehen hat, was in Hypnose im Rahmen einer Show möglich ist, beginnt zu begreifen, was sie darüber hinaus an Möglichkeiten in sich birgt. Und diese Zuschauer sind es, die mich nach einem Termin, einem Coaching fragen. Meistens gebe ich ihnen dann meine Karte mit der Bitte, mich anzurufen. Natürlich könnte ich meinen Kalender hervorholen und gleich einen Termin machen. Aus meiner Sicht aber ist die Kontaktaufnahme erst dann zustande gekommen, wenn der Klient mich anruft, also Tage nach der Show noch immer von der Hypnose Gebrauch machen will. Damit hat er, so glaube ich, den ersten, entscheidenden Schritt zur Veränderung getan.

Viele Menschen glauben, dass der Hypnotiseur nur einmal schnippen muss, und schon ist das Problem gelöst. Aber leider ist es nicht ganz so einfach. Es ist zwar schon vorgekommen, dass ein Mensch mit Flugangst zu mir kam und nach der ersten Sitzung davon befreit war. Dies ist aber nicht immer der Fall. In der Regel sind mehrere Sitzungen notwendig. Diese können nach dem folgenden Schema ablaufen.

Eine der wichtigsten Voraussetzungen für die Hypnose ist der Rapport, die positive Verbindung zu unserem Gegenüber (siehe auch unten). Er ist aber auch eine der wichtigsten Voraussetzungen beim Coaching und bei der therapeutischen Arbeit, damit eine vertrauensvolle Kommunikation zwischen Patient und Therapeut möglich ist. Sobald ein gutes Vertrauensverhältnis hergestellt ist, ist es wichtig, die Ziele des Coachings zu finden und festzulegen. Damit sind die Weichen für die Veränderung gestellt. Selbstverständlich geht es dabei nicht um meine eigenen Ziele als Therapeut. Es ist nicht so, dass ich eine Diagnose stelle und bestimme, wohin der Klient gelangen soll. Stattdessen helfe ich ihm, seine eigenen Ziele zu finden und festzulegen. Diese Ziele sind entscheidend für die Motivation des Klienten.

Der nächste Schritt in einem Hypnosecoaching ist der so genannte Auftrag. Er ist für mich einer der wichtigsten Faktoren für das Zustandekommen einer Zusammenarbeit. Ohne den Auftrag gibt es keine Zusammenarbeit. Konkret bedeutet das: Der Klient gibt dem Therapeuten oder Coach den Auftrag, ihm bei seiner Lösungsfindung zu helfen. Meist ist ein Teil des Auftrags schon mit der Zielfindung erledigt. Es mag eigentümlich klingen, dass der Therapeut sich den Auftrag einholt, obwohl die Ziele schon formuliert sind. Zum einen aber ist dieser Prozess wichtig, damit keine Widerstände entstehen. Zum anderen verhält es sich manchmal aber auch so, dass der Auftrag, den der Klient erteilen will, einfach nicht zu erreichen ist. Er muss präzise formuliert werden. Wenn jemand den Auftrag gäbe: »Ich möchte aufhören zu rauchen um jeden Preis«, dann wäre – wie bereits erwähnt – die Gefahr viel zu groß, dass der Klient sich plötzlich ein anderes Verhalten als Ersatz sucht, das nicht gut für ihn ist. Hier muss der Klient den Auftrag mithilfe des Coaches genau definieren.

Im weiteren Verlauf der gemeinsamen, lösungsorientierten Arbeit ist es wichtig, die Ressourcen zu identifizieren. Einer der Grundsätze des Coachings besagt, dass jeder die Fähigkeit in sich trägt, sich zu verändern. Die Aufgabe des Coaches ist nun, diese Ressourcen zu finden und dem Klienten zu verdeutlichen, dass er die Fähigkeiten bereits in sich hat, auch wenn er nicht in der Lage ist, zum richtigen Zeitpunkt darauf zuzugreifen. Wenn wir zum Beispiel in einer bestimmten Situation immer Angst haben, wäre es immens hilfreich, genau dann auf die Fähigkeit der Entspannung zugreifen zu können. Denn wo Entspannung ist, kann keine Angst sein. Und damit sind wir schon bei dem nächsten Punkt: die Ressourcen aktivieren.

Der Coach zeigt seinem Klienten eine Möglichkeit, wie er selbst auf seine Fähigkeiten zugreifen und sie dann für sich nutzen kann. Hierfür gibt es viele verschiedene Techniken, wie etwa die Musterunterbrechung. Sobald der Klient in der Lage ist, wieder über seine Ressourcen zu verfügen, steht der nächste Schritt an, nämlich das neue Verhalten zu überprüfen.

Dies kann auch in Hypnose geschehen: Das heißt, ich gehe als Coach mit dem Klienten in Gedanken in die entsprechende Situation und schaue nach, ob sich etwas verändert hat, und wenn ja, was. So kann nicht nur ich als Coach feststellen, ob das neue Verhalten wirklich wirksam ist, sondern auch der Klient. Gerade in der Hypnose kann man meistens davon ausgehen, dass das Unterbewusstsein nicht zwischen real und erdacht unterscheidet. Wenn also das neue Verhalten im »Gedankenspiel« funktioniert, so wird es das in der Regel auch im täglichen Leben tun. Abschließend wird der Klient »entlassen« und dazu aufgefordert, die neuen Verhaltensweisen im täglichen Leben auszuprobieren. Er soll sich dabei selbst genau beobachten, um einschätzen zu können, was das neue Verhalten mit ihm macht. Dann kann in der nächsten Sitzung herausgefunden werden, ob noch andere Fähigkeiten gebraucht werden, um das gewünschte Ziel zu erreichen.

Natürlich ist dies nur ein allgemeiner Überblick über den Verlauf eines lösungsorientierten Hypnose-Coachings. Jede Sitzung verläuft anders, und es hängt immer vom Auftrag des Klienten ab.

NLP (Neurolinguistisches Programmieren)

In den Siebzigerjahren haben die Psychologen Richard Bandler und John Grinder hinterfragt, was das Erfolgsgeheimnis der besten Therapeuten dieser Zeit ist. Sie widmeten sich unter anderem Milton Erickson und fanden heraus, dass dieser – wie einige andere seiner Kollegen – bestimmte Kommunikationstechniken nutzte, mit denen er einen besonderen Zugang zu seinen Klienten entwickeln konnte. Anhand von unzähligen Protokollen und Berichten dokumentierten sie diese Techniken und entwickelten sie weiter. Interessant daran ist, dass Bandler und Grinder sich gar nicht darum gekümmert haben, warum diese Techniken so erfolgreich sind. Das Einzige, was sie interessierte, war, dass sie funktionierten. »Wer heilt, hat recht«, sagte Hippokrates, der Vater der Medizin.

Doch Bandler und Grinder beschränkten sich nicht nur auf Therapeuten, sondern studierten insgesamt die Kommunikations- und Verhaltenweisen erfolgreicher Menschen, seien es Unternehmer, Künstler oder Wissenschaftler.

Aus ihrer Arbeit ist sozusagen ein »Werkzeugkasten« an Techniken entstanden, den Bandler und Grinder dann »NLP« nannten: Neurolinguistisches Programmieren. In diesem Werkzeugkasten befinden sich zahlreiche Tools, die seither erfolgreich von NLP-Therapeuten eingesetzt werden. NLP beschäftigt sich, wie der Name sagt, mit der Programmierung oder den Mustern, die durch die Interaktion von Körper, Gehirn und Sprache entstehen.

Aus der Trickkiste des Hypnotiseurs

Die hypnotischen Techniken sind nicht allein im Rahmen einer Therapie von Nutzen. Wir können die einzelnen Werkzeuge auch für uns selbst in unserem täglichen Leben anwenden. Manche sind uns urvertraut – sie sind Kennzeichen von Empathie, von einer einfühlsamen Kommunikation und zum Aufbau von Nähe unerlässlich. Andere, wie die einzelnen Sprachmuster, müssen uns vielleicht nur bewusst gemacht werden. Auch sie sind uns längst bekannt, begegnen sie uns doch tagtäglich in der Werbung, der Politik und jenen Bereichen, in denen Kommunikationstrainer tätig sind. Öffnen wir also die Trickkiste der Hypnose und sehen uns einzelne Werkzeuge einmal genauer an.

Rapport

Eines der wichtigsten Dinge, die man für eine erfolgreiche Hypnose braucht, ist der so genannte Rapport. Rapport entsteht immer dann, wenn zwei Personen sich auf unterbewusster Ebene sympathisch finden. Man könnte vereinfacht sagen, dass zwischen ihnen die Chemie stimmt.

Ein einfaches Beispiel: Stellen Sie sich vor, Sie sind im Urlaub, in einem Land, dessen Sprache Sie nicht beherrschen. Und jetzt treffen Sie jemanden, der auch aus Ihrem Land kommt und der Ihre Sprache spricht. Sofort verstehen Sie sich, Sie sind auf einer »Wellenlänge«. Sie haben gleich einen Rapport. Dieser entsteht dadurch, dass Sie beide im Vergleich zu anderen Menschen in Ihrem Umfeld plötzlich viele Gemeinsamkeiten haben, die Sie verbinden. Wenn Sie denselben Menschen im Café bei Ihnen um die Ecke getroffen hätten, wäre es zu diesem Rapport womöglich gar nicht gekommen.

Vielleicht sind Sie bisher der Ansicht gewesen, dass Rapport etwas ist, das einfach so geschieht, also außerhalb unseres Einflussbereichs liegt. Können wir mit Sicherheit sagen, was uns zu manchen Menschen hinzieht und was uns abstößt? Oft ist dies ein Prozess, der im Unterbewusstsein abläuft und den wir nicht kontrollieren können – meinen wir.

Doch Rapport lässt sich bewusst herstellen. Dazu muss man vor allem herausfinden, wie er zustandekommt. Zu den Faktoren, die einen Rapport entstehen lassen, zählen insbesondere die folgenden:

- Gemeinsamkeit.
- »Fachkompetenz«.
- Das Gefühl, der andere versteht mich, er weiß, wovon ich rede, er versteht mich vielleicht sogar auch, ohne dass ich etwas gesagt habe.
- Das Gefühl, auf einer Wellenlänge zu sein.

In der Hypnose ist der Rapport unerlässlich: Ohne Rapport kann keine Hypnose eingeleitet werden. Das betrifft sowohl die therapeutische als auch die Bühnenhypnose.

Eben weil Rapport auf einer unterbewussten Ebene abläuft, ist es für den Hypnotiseur wichtig, Rapport mit seinem Klienten zu haben. Doch natürlich ist nicht jeder, der die Praxis eines Hypnotherapeuten aufsucht, mit diesem gleich auf einer Wellenlänge. Der Hypnotherapeut kann jedoch mit seinem Wissen über den Rapport verschiedene Techniken anwenden, um ihn bewusst herzustellen. Und Sie können das auch.

Bei der Anwendung der entsprechenden Techniken geht es nicht darum, einen Menschen zu beeinflussen oder von uns zu überzeugen. Sie sind vielmehr Kennzeichen einer tiefen Kommunikation, in der jeder auf den anderen eingeht und seine menschliche Gabe nutzt, um Vertrauen aufzubauen und Nähe, Verständnis zu schaffen. All diese Techniken verwenden wir schon längst intuitiv, also unbewusst.

Angleichen

Die wirksamste Technik zum Herstellen eines Rapports ist das Angleichen, auch Pacing genannt. Ich gleiche mich meinem Gegenüber so an, dass sich hierdurch eine Gemeinsamkeit ergibt. Das kann zum einen durch die Sprache geschehen und sich in der Tonhöhe und Sprechgeschwindigkeit äußern, in der Lautstärke und Deutlichkeit, im Dialekt, in der Wortwahl und im Inhalt des Gesprächs, den möglichen Gemeinsamkeiten. In der Körpersprache sind Atmung, Haltung, Gestik und das Tempo der Bewegung Faktoren, in denen sich Menschen angleichen können. Beobachten Sie Menschen, wie sie kommunizieren. Bestimmt fallen Ihnen diese Merkmale auf. Vielleicht erkennen Sie auch, wer von den Gesprächspartnern den Ton angibt, also führt. Manchmal ändert sich das, Sie werden es daran erkennen, dass einer der beiden plötzlich seine Haltung ändert und die Führung übernimmt. Als Werkzeug bewusst eingesetzt, wird dies Leaden genannt.

Spiegeln

Eine ebenso wichtige Technik ist das Spiegeln. Hierbei übernehmen wir die Körpersprache unseres Gegenübers, gleichen uns ihm an, natürlich ohne ihn nachzuäffen. In wissenschaftlichen Untersuchungen hat man festgestellt, dass angehende Paare sich bereits bei ihrer ersten Verabredung auf unterbewusster Ebene spiegeln. Der eine nimmt beispielsweise sein Glas in die Hand, um zu trinken, und der andere tut es ihm unwillkürlich gleich. Der eine neigt sich beim Erzählen nach vorn, sein Gegenüber folgt der Bewegung, während er aufmerksam zuhört.

Empathie

Auch die Empathie ist von großer Bedeutung. Zeigen Sie dem anderen, dass Sie ihn und seine Welt verstehen, sich in ihn hineinversetzen. Wenn ich jemanden zum Beispiel frage: »Was machen Sie beruflich?«, und als Antwort »Krankenschwester« bekomme, kann ich meine Vorstellung und mein Wissen über diesen Beruf zurate ziehen und in meine nächste Frage einfließen lassen. Ich versuche, dem anderen in seiner Welt zu begegnen. Vielleicht sage ich: »Oh, da haben Sie viel Verantwortung und müssen gut mit Menschen umgehen können, nicht wahr?« Auf diese Weise habe ich meist schon einen Rapport hergestellt.

Wichtig bei allen diesen Techniken ist: Sie müssen ernst gemeint sein. Wenn Sie eine Frage stellen, müssen Sie auch wirklich an der Antwort interessiert sein. Wenn Sie sich auf die Körpersprache des anderen einlassen, dann äffen Sie ihn nicht nach. Nähe entsteht durch sich Einlassen. Verständnis durch das Eintauchen in die Welt des anderen und seine persönliche Geschichte. Und im anderen erkennen wir schließlich uns selbst.

Hypnotische Sprachmuster

Milton Erickson, der Meister der modernen Hypnose, beschäftigte sich insbesondere während seiner Zeit im Rollstuhl eingehend mit der Sprache und ihren Mustern. Unsere Sprache ist ein Spiegel dessen, was in uns vor sich geht, was wir denken und fühlen und wie wir uns der Umwelt präsentieren. Unsere Wortwahl ist abhängig von unserer Bildung, aber auch von der Fähigkeit, uns auf andere einzustellen. Denn mithilfe der Sprache wollen wir uns dem anderen ja nähern, uns und unsere Gedanken, Bedürfnisse ausdrücken. Wer vor anderen mit seinem Fachwissen protzt und dabei Worte gebraucht, die keiner versteht, zeigt vor allem eines: dass er nicht auf seine jeweilige Umgebung eingeht, zumindest nicht in diesem Augenblick.

Sprache begleitet uns im Alltag – doch was hat sie mit Hypnose zu tun? Wie wir erfahren haben, gibt es in unserem Alltag viele Situationen, die Kennzeichen eines hypnotischen Zustands aufweisen. Typisch dafür ist die Konzentration auf einen Reiz, etwa die Landschaft, die vor unseren Augen vorüberfliegt, während wir im Zug sitzen. Wir schauen raus, ganz auf den Ausblick konzentriert, und mit einem Mal driften wir weg. Ähnlich kann es uns auch im Gespräch gehen. Wir lauschen der Stimme eines Redners oder unserem Gegenüber und lassen uns davontragen.

Zudem sind wir empfänglich – die Landschaft draußen kann uns in eine angenehme Entspannung versetzen, die Worte und die Stimme des Redners können zu unserem Unterbewusstsein vordringen und uns beeinflussen. Ein erfahrener medizinischer Hypnotiseur kann allein mithilfe der Sprache so auf den Patienten einwirken, dass dessen Schmerzempfinden nachlässt und schließlich sogar ganz ausgeschaltet wird.

Worte haben Macht – und die Techniken, mit denen sie aneinandergereiht werden, machen sie zu einem wichtigen Instrument.

Yes-Set

Das Yes-Set ist eines der stärksten Sprachmuster, die Sie nutzen können. Mit dem Yes-Set bringt man sein Gegenüber dazu, innerlich Aussagen zu bejahen, um dann eine Suggestion nachfolgen zu lassen.

Ein Beispiel: »Während Sie nun auf dem Stuhl sitzen und diesen Text lesen, und ihn Wort für Wort wahrnehmen können und sogar Geräusche in Ihrer Umgebung bemerken, fallen Ihnen jetzt schon Möglichkeiten ein, wo Sie diese neue Technik einsetzen können.«

Wie Sie vielleicht bemerkt haben, konnten Sie den ersten Aussagen zustimmen: Während Sie nun auf dem Stuhl sitzen (Ja, tue ich) und diesen Text lesen (Ja, stimmt), und sogar Geräusche in Ihrer Umgebung bemerken (Ich vergewissere mich mal kurz … Ja, stimmt), fallen Ihnen jetzt schon Möglichkeiten ein, wo Sie diese neue Technik einsetzen können (Ja, zum Beispiel in der Firma oder bei meiner Partnerin). Der letzte Teilsatz in unserem Beispiel ist die Suggestion. Das Interessante dabei ist, dass Sie an diesem Punkt gar nicht mehr in Frage stellen, ob Ihnen Möglichkeiten einfallen, sondern direkt darüber nachdenken, welche Möglichkeiten das sein könnten. Vereinfacht ausgedrückt geht Folgendes in Ihnen vor: »Ich habe jetzt schon dreimal ja gesagt, warum also nicht auch beim vierten Mal.«

Vorannahmen (Präsuppositionen)

Die Vorannahmen oder eben auch Präsuppositionen gehören zu meinen persönlichen Lieblingssprachmustern. Weil sie, wenn sie geschickt angewandt werden, sehr gut an dem besagten kritischen Teil vorbeikommen. In diesen Vorannahmen geht es darum, eine Information direkt ins Unterbewusstsein zu bringen, ohne dass sie hinterfragt wird. Dies geschieht dadurch, dass wir die Information auf eine ganz bestimmte Weise »verpacken«.

Ein Beispiel: »Es ist ganz egal, ob Sie sich jetzt, morgen oder erst in ein paar Tagen mit diesen Sprachmustern beschäftigen. Glücklicherweise ist es ganz einfach, sie zu erlernen.«

Was ist geschehen? In der Regel haben Sie jetzt schon unterbewusst akzeptiert, dass Sie die Sprachmuster lernen werden: egal, ob jetzt, morgen oder in paar Tagen. Dies ist die erste Vorannahme in dem Satz. Das Einzige, was hier hinterfragt wird, ist, *wann* Sie sie lernen werden. Es gibt aber noch eine zweite Vorannahme. Lesen Sie den Text noch einmal durch. Haben Sie sie schon entdeckt? Richtig! Nämlich: dass es einfach ist.

Wenn ich anstelle der beiden Sätze geschrieben hätte: »Sie werden die Sprachmuster lernen. Das ist ganz einfach«, so hätten Sie möglicherweise geantwortet: »Moment mal, wer sagt denn, dass ich sie lerne? Vielleicht will ich das ja gar nicht. Und wer sagt überhaupt, dass es einfach ist?«

Das Interessante bei diesen Sprachmustern ist, dass Sie den Eindruck bekommen, Sie hätten eine Wahl. Aber die einzige Wahl, die Sie haben, ist, *wann* Sie es lernen werden, und nicht ob.

Double Bind

Auch die so genannten Double Binds gehören zu Sprachmustern, deren Wirkung man schwer widerstehen kann. Und sie begegnen uns ständig im täglichen Leben. Auf Seite 86 habe ich ein Beispiel für Double Binds erwähnt: Man glaubt, man hat die Wahl, und ist damit beschäftigt, diese Wahl zu treffen. Dabei bemerkt man gar nicht, dass andere mögliche Optionen einfach ausgeschlossen wurden.

Eltern beherrschen dieses Sprachmuster hervorragend: »Du kannst dir den Schlafanzug anziehen, bevor oder nachdem du dir die Zähne geputzt hast.« In diesem Satz wird dem Kind suggeriert, es habe die Wahl, wann es etwas tut. Zugleich verbergen sich zwei Vorannahmen in den Worten, nämlich: »Du wirst dir die Zähne putzen.« und »Du wirst deinen Schlafanzug anziehen.« Das Interessante an diesen Double Binds ist, dass wir sie häufig gar nicht bemerken, obwohl sie doch so offensichtlich sind.

Worte haben Macht. Wenn wir die Muster kennen, mit denen sie aneinandergereiht werden, kennen wir auch die Absichten hinter den Worten. Und wir erkennen die Menschen, die sie aussprechen – uns eingeschlossen.

5 VERÄNDERUNG

Mit ziemlicher Sicherheit haben Sie sich im bisherigen Verlauf dieses Buches eine Vorstellung von meiner Person gemacht. Ich habe Sie teilhaben lassen an meinen Erfahrungen und an meinem Werdegang als Hypnotiseur. Vielleicht habe ich Sie ja sogar angesteckt mit meiner Faszination für die Hypnose?

Auch wenn Sie ein Bild von mir haben, begegnen wir uns – zumindest in diesem Moment – über das Medium Buch und nicht im Rahmen meiner Hypnoseshows oder eines Coachings. Im Grunde kenne ich Sie nicht, oder doch? Möglicherweise sind Sie wie einer der vielen tausend Menschen, die ich bisher in Hypnose geschickt habe – offen, begeisterungsfähig und mit einem unbeschreiblichen Potenzial in Ihrem Innern, das manchmal in all seiner Fülle zu Ihnen durchblitzt, auf das Sie aber bewusst nicht immer zugreifen können.

Vielleicht sind Sie auch wie einer der vielen tausend Menschen, mit denen ich nicht nur das Interesse an Hypnose gemein habe, sondern auch einen ganz simplen Wunsch: nämlich mich wohlzufühlen in mir selbst und immer tiefer in mein wahres Selbst hineinzuwachsen.

Gut möglich, dass Sie – wie ich – insgeheim davon träumen, Hypnose könnte doch etwas mit Magie zu tun haben und uns binnen Tagen glücklich, angstfrei und schlank zaubern. Doch ich habe keinen Zauberstab, auch wenn es manchmal so aussieht, wenn Menschen in Hypnose ihre kleinen Wunder vollbringen. Und es ist auch gut so: Denn wenn ich Ihnen den Weg zur Veränderung nehmen würde, dann würde ich Ihnen auch viele reiche Erfahrungen nehmen. Vielleicht würden Sie dann niemals wissen, wie stark und fantasievoll Sie in Wahrheit sind.

Der Einzige, der uns ändern kann, sind wir selbst. Dieser Prozess muss im Innern anfangen, in der Bereitschaft, Veränderung zuzulassen, und im Zugriff auf die Fähigkeiten, die in uns verborgen liegen.

Bestimmt haben auch Sie schon versucht, etwas zu ändern, und es hat einfach nicht funktioniert. Bewusst haben Sie sich gesagt: So geht das nicht, das machst du ab sofort anders! Doch offenbar hört ein Teil von uns nicht auf solche Befehle, und allem Anschein nach ist es ein ganz entscheidender Teil.

Veränderung gelingt uns nur, wenn wir eine Brücke zwischen Bewusstsein und Unterbewusstsein schlagen. Diese beiden Teile arbeiten eng zusammen. Man könnte fast sagen, dass das Unterbewusstsein der große Bruder vom Bewusstsein ist. Warum? Zum einen ist die Informationsmenge, die das Unterbewusstsein aufnimmt, bedeutend größer als das, was es zum Bewusstsein durchlässt. Als großer Bruder filtert es aus, was an Informationen zu uns ins Bewusstsein durchdringen darf. Zum anderen ist das Unterbewusstsein meist auch viel stärker als unser Bewusstsein. Das mag ein wenig merkwürdig klingen. Aber betrachten Sie einmal ein einfaches Beispiel: das Rauchen. Wenn das Bewusstsein stärker wäre, könnte man sofort damit aufhören, wenn man es will. Es gibt genug bewusste Gründe, sich dafür zu entscheiden. Die Werbung will uns sogar entsprechende Slogans verkaufen: Leben Sie bewusst! Für die bewusste Ernährung ... und Ähnliches mehr. Doch so einfach ist es nicht. Unser Unterbewusstsein zeigt uns seine Stärke und Überlegenheit, indem es immer wieder die alten Muster oder Gewohnheiten zum Tragen kommen lässt. Dies geschieht bei jeder Art von Gewohnheit und Sucht.

Mir selbst ist dies erst vor einer Woche »bewusst« geworden: Zu meiner Schande muss ich gestehen, dass sich selbst abhängig bin von Süßigkeiten. Da es mir und meiner Gesundheit nicht guttut, versuche ich mich selbst zu bremsen. So habe ich mir auch an jenem Tag gesagt: »So, heute nichts Süßes!« Ich hatte die Rechnung aber ohne mein Unterbewusstsein gemacht. Und so ging ich irgendwann am Tag in die Küche, um mir ein Glas Wasser zu holen. Als ich ins Wohnzimmer zurückkehrte und mich hinsetzte, und wirklich erst dann, stellte ich fest, dass ich in der einen Hand ein Glas Wasser hielt und in der anderen fünf Kekse, die sich eigentlich in einer Tüte in der Küche befinden sollten. So hatte also mein Unterbewusstsein einfach die Führung übernommen, ohne es dem Bewusstsein mitzuteilen.

Dies passiert uns allen sehr häufig am Tag. Als Menschen sind wir stark unseren Gewohnheiten verhaftet. Unser Verhalten läuft nach gewissen Mustern ab, die sich im Laufe der Jahre in uns mehr und mehr verfestigen. Haben Sie sich selbst einmal beobachtet, wenn Sie spazieren gehen? Vielleicht laufen Sie bewusst über die Wiesen querfeldein, doch wenn Sie sich in Ihren Gedanken verlieren, gehen Sie oft auf Trampelpfaden weiter. Ähnlich ist es auch mit unserem Verhalten und unseren Gewohnheiten. Wir können uns ganz bewusst entscheiden, uns anders zu ernähren, doch sind wir auch nur einen Augenblick unachtsam, greifen wir automatisch zu den Lebensmitteln, an die wir gewöhnt sind.

Daran ist nichts Schlechtes. Unsere Handlungen haben sich automatisiert, und wenn das nicht so wäre, könnten wir uns im Leben gar nicht zurechtfinden. Stellen Sie sich vor, Sie müssten alles ganz bewusst machen, angefangen vom Atmen über das Blinzeln bis hin zum Erkennen der Buchstaben hier vor Ihren Augen, das Überprüfen, ob die Worte richtig geschrieben sind, die Sie gerade lesen, dann das Heben der Hand, das Anfassen des Papiers, um die Seite umzublättern ... Wir sind darauf angewiesen, dass gewisse Handlungen unwillkürlich ablaufen. Denn sonst könnten wir uns nicht auf das Wesentliche konzentrieren. Denken Sie an das Autofahren. Erinnern Sie sich noch an Ihre erste Fahrstunde? Milton Erickson fragte einmal einen Patienten, ob er denn bewusst oder unbewusst Auto fahre. »Bewusst natürlich!«, antwortete der Patient überzeugt. Worauf Erickson antwortete, dann wolle er auf keinen Fall zu ihm ins Auto steigen.

Richtig! Wer Autofahren kann, hat die Lernprozesse verinnerlicht und handelt unwillkürlich. Er muss nicht erst nachdenken, was zu tun ist, um den Wagen zum Stehen zu bringen – der Fuß drückt ganz automatisch auf die Bremse. Dadurch bleibt mehr Raum für die Aufmerksamkeit, die Wachsamkeit.

Oder stellen Sie sich einen Geiger vor. Wenn er die Technik nicht beherrscht, wird es wohl kaum eine Freude sein, ihm zuzuhören. Wenn er hingegen nur auf die Technik achtet, sich konzentriert, wo er den Finger aufs Griffbrett setzt und wie sich seine Bogenhand bewegen muss, kommt keine Musik zustande.

Unser Alltag ist voll von automatisierten Handlungen. Das können Sie ganz einfach selbst herausfinden, indem Sie sich vornehmen, einmal Zeuge Ihrer Handlungen zu werden. Fühlen Sie, wie Sie dasitzen, wie Ihr Körper die Unterlage berührt. Wie die Kleidung anliegt. Wie Ihr Brustkorb sich beim Ein- und Ausatmen hebt und senkt. Wie Sie das Buch halten. Wie Sie jeden einzelnen Buchstaben sehen und zu einem Wort zusammenfügen. Wie Sie daraus einen Sinn erkennen. Wie sich Ihre Augen bewegen, um das nächste Wort zu erfassen. Spüren Sie noch Ihre Atmung? Sie war die ganze Zeit da. Haben Sie gemerkt, wie Ihre Augenlider auf- und zugegangen sind? Und während Sie dorthin gespürt haben – war Ihnen da bewusst, dass Sie wieder Buchstabe für Buchstabe erkannt, zu einem Wort zusammengefügt und den Sinn herausgefunden haben?

Die Übung der Achtsamkeit ist ein Mittel, sich seine Handlungen ins Bewusstsein zu rufen. Ein anderes Mittel ist die

Hypnose mitsamt ihren Techniken. Mit ihrer Hilfe können wir uns Handlungen nicht nur bewusst machen, sondern wirksam die unerwünschten Verhaltensmuster unterbrechen. Wir folgen nicht länger den Trampelpfaden, sondern nehmen den Weg über die Brücke hin zu unserem Mehr an Möglichkeiten.

Denn viele unserer Verhaltensweisen steigern nicht unser Wohlbefinden, sondern wirken sich negativ auf uns aus. Das muss nicht nur der Snack sein, den wir ganz automatisch aufessen, auch wenn wir längst keinen Hunger mehr haben. Verhaltenweisen, die wir angenommen haben, die uns aber nicht glücklich machen, gibt es in vielen Bereichen des Lebens. Vielleicht lassen wir uns provozieren? Greifen zur Zigarette, obwohl wir mit dem Rauchen aufhören wollen? Sehen abends zu lange fern, auch wenn wir wissen, dass wir uns am nächsten Morgen wie gerädert fühlen werden – und das Programm uns eigentlich gar nicht fesselt, uns nicht das Geringste an Inspiration bringt?

Verhaltensmuster erstrecken sich in alle Bereiche unseres Lebens, angefangen bei uns selbst bis hin zu unserer Kommunikation mit unseren Mitmenschen. Meist entlarven wir sie erst, wenn sie sich negativ auf unser Wohlbefinden auswirken. Die Reaktionen sind dann unterschiedlich. Manch einer zieht nach einem Kilo mehr auf der Waage bereits die Bremse an, hungert – und nimmt nach einiger Zeit wieder zu. Andere reagieren erst viel später, wenn die Kleider zwicken und Bewegung zur Belastung wird. Manch einer fährt gleich nach der ersten Provokation eines Mitarbeiters aus der Haut, der andere frisst den

Ärger in sich hinein. Dies geht so lange, bis wir erkennen, dass wir etwas ändern möchten: Wir fassen einen Vorsatz.

Wir alle kennen die guten Vorsätze für das neue Jahr. Wie lange haben Sie durchgehalten? Eine Woche, einen ganzen Monat sogar?

Oft sind wir mit uns selbst unzufrieden, weil wir wieder nicht geschafft haben, was wir uns vorgenommen haben, und werfen uns mangelnde Selbstdisziplin vor. Dann nehmen wir uns nur umso fester vor, es das nächste Mal besser zu machen – und landen doch wieder auf dem gleichen Trampelpfad unseres Verhaltens. Und das ist ganz natürlich. Wir sind keine schlechteren Menschen, weil wir nicht die Kraft zur Änderung aufbringen. Unser Verhalten hat sich schlichtweg automatisiert. Und um das Muster zu unterbrechen, bedarf es mehr als nur des Willens, dazu ist es zu stark verselbstständigt. Neben der inneren Bereitschaft, uns zu verändern, braucht es Werkzeuge. Manche Veränderungen können Sie selbst in Angriff nehmen. Andere, wie im Falle von krankhaften Zwangsstörungen etwa, gehören in die Obhut eines erfahrenen Handwerksmeisters, sprich: (Hypno-)Therapeuten.

Im nun folgenden dritten Teil des Buches möchte ich Sie mit einigen grundlegenden Werkzeugen vertraut machen. Dazu zählen die Tiefenentspannung, die Selbsthypnose, die Imagination und Autosuggestion. Auch die so genannte Teile-Arbeit und die Musterunterbrechung können Sie selbst anwenden, um Ihr Verhalten zu größerem Wohlbefinden hin zu verändern. Denn das ist es, was wir mithilfe der Hypnose erlangen können: uns wohlzufühlen in uns selbst, indem wir in uns und unsere Fähigkeiten hineinwachsen.

Teil 3

DU KANNST ES – UND DU WEISST ES JETZT

Während du jetzt atmest, kannst du dich langsam entspannen.

Das Ziel ist erreichbar, es gibt einen Weg.

Veränderung liegt in dir. Alle Antworten, die du brauchst, liegen in dir.

Was gibt es Schöneres in dieser Welt voller Kopien von Kopien als Originale?

1 HYPNOSE – WIE FÜHLT SICH DAS AN?

Sie sind noch immer dabei? Noch immer neugierig, was sich hinter dem Begriff Hypnose verbirgt?

Das ist gut so. 127 Seiten haben Sie nun über Hypnose gelesen, sich ein Bild von ihr gemacht. Vielleicht möchten Sie nun einfach einmal ausprobieren, wie sich der hypnotische Zustand anfühlt. Erinnern wir uns: Hypnose bedeutet letztlich nichts anderes, als dass der hypnotische Zustand, der etwas ganz Natürliches ist, bewusst herbeigeführt wird. Dies kann durch einen Hypnotiseur geschehen oder aber in der Selbsthypnose. Mit den Übungen auf den folgenden Seiten bekommen Sie ein Gefühl für diesen Zustand.

Zu Anfang habe ich erklärt, dass wir – gerade beim ersten Mal – nicht bewusst sagen können, wann wir uns in Hypnose befinden. Der Grund dafür liegt darin, dass wir Menschen die Hypnose ganz unterschiedlich erleben. Allerdings gibt es typische Kennzeichen, die in etwa zwei Dritteln aller Fälle auftreten:

– Das Flattern der Augenlieder: Manchmal zittern die Lider so schnell, dass der Augapfel des Hypnotisierten zu sehen ist.

- Entspanntheit äußert sich besonders auffällig in der Gesichtsmuskulatur: Das Gesicht kann asymmetrisch wirken, da die Mimik nicht mehr kontrolliert wird. Die Mundwinkel gehen nach unten, manchmal sackt der Kiefer herunter wie im Schlaf.
- Die Atmung ist tief und regelmäßig.
- Ähnlich wie kurz vor dem Einschlafen können die Gliedmaßen zucken.

Es ist eine kleine Übung, die ich mir ausgedacht habe und zu der ich Sie nun einladen möchte. Sie werden die ganze Zeit über die Kontrolle behalten. Sie werden auch nicht tief in Hypnose versinken. Es ist ein wenig so, wie die Sonne auf der Haut zu spüren: Sie selbst entscheiden, ob die Sonnenstrahlen Sie nur ein wenig wärmen, sodass es sich angenehm anfühlt, oder ob Sie ein wohliges Sonnenbad nehmen, bis die Wärme Sie ganz durchdringt.

Wie beim Sonnenbad liegt die Entscheidung für die Übung ganz bei Ihnen, und Sie können sie auch jederzeit abbrechen und vielleicht zu einem späteren Zeitpunkt erneut ausprobieren.

Sobald Sie die Übung durchgelesen haben, werde ich Sie bitten, das Buch sinken zu lassen. Vielleicht legen Sie es auf einen Tisch oder auf Ihren Schoß, um mit der Übung zu beginnen.

Ein Gefühl für die Hypnose bekommen

Blicken Sie einfach geradeaus, auf einen Punkt vor Ihnen, der sich angenehm anfühlt für Ihre Augen. Richten Sie den Blick darauf. Sie müssen nicht starren, Sie können den Blick weich werden lassen.

Während Sie auf den Punkt blicken, nehmen Sie am Rande auch das periphere Gesichtsfeld wahr. Probieren Sie es aus. Ihr Blick ist noch immer geradeaus auf den Punkt oder Gegenstand vor Ihnen gerichtet, und gleichzeitig sehen Sie, was sich außer Ihnen noch im Raum zu Ihrer Linken und Rechten befindet. Vielleicht ist es ein Möbelstück oder eine Pflanze oder einfach die Wand. Entscheiden Sie sich für einen Gegenstand, dem Sie nun gleich einen Teil Ihrer Aufmerksamkeit widmen.

Und während Sie nun den Blick weiterhin auf den Punkt geradeaus vor Ihnen gerichtet haben, beginnen Sie, den gewählten Gegenstand grün zu färben. Vielleicht nehmen Sie einen großen Malerpinsel und malen den Gegenstand oder sogar den Raum links und rechts von Ihnen großflächig grün an. Es können auch Buntstifte sein oder Filzmaler. Sie können auch wie bei einem Computerbild den Raum Pixel für Pixel grün werden lassen. Folgen Sie einfach Ihrer Vorstellung. So wie Sie es machen und wie es sich für Sie angenehm anfühlt, ist es gut.

Sie haben den obigen Text gelesen? Dann lassen Sie langsam das Buch sinken und beginnen Sie. Richten Sie den Blick geradeaus, auf einen Punkt. Und während sich der Gegenstand oder der Raum ringsum grün färbt, sinken Sie ganz allmählich in einen hypnotischen Zustand.

Sie können diese Übung wiederholen, wann immer Sie möchten. Möglicherweise spüren Sie, wie Sie langsam hinwegdriften, in einen angenehmen Zustand hinein.

Vielleicht möchten Sie auch ein wenig damit spielen? Sie können sich Zeit lassen mit dem Grünfärben. Sie können sich auch in einem einzigen tiefen Atemzug einen Raum schaffen, der links und rechts von dem Punkt, auf den Sie blicken, in Ihrer Vorstellung ganz grün ist.

Mit dieser kleinen Übung können Sie Erfahrungen sammeln, was in Hypnose geschieht, bevor Sie sich noch tiefer darauf einlassen. Sie können beispielsweise Ihre Aufmerksamkeit auf die Geräusche um Sie herum richten, bevor Sie die Übung wiederholen. Und während Sie den Gegenstand einfärben, werden Sie feststellen, dass die Geräusche nach wie vor da sind. Sie treten nur in den Hintergrund. Möglicherweise sind sie weniger wichtig, oder sie stören auch nicht mehr wie zuvor, falls sie das getan haben.

Sie können diese Übung auch nutzen, wenn Sie sich selbst eine Suggestion geben, um sich zu ermuntern, sich selbst zu unterstützen. Dazu später mehr.

Wir erinnern uns: Hypnose macht uns nicht zu willenlosen Marionetten. Sie ist ein vertrauter Zustand, in dem unser kritischer Teil herabgesetzt ist. Der kritische Teil in uns ist ein wenig wie eine Hürde auf unserem Weg. Im hypnotischen Zustand kümmern wir uns weniger um diese Hürde, wir wissen ja, sie ist lediglich ein Produkt unseres Verstandes, so wie unsere Glaubenssätze. Daher gelingt es uns viel leichter, uns auf den Weg hin zu unserem wahren Potenzial zu begeben.

Wir alle sind einzigartig. Sie sind einzigartig.

Vielleicht sagen Sie sich diesen Satz einmal vor: »Ich bin einzigartig«, während Sie den Raum links und rechts von sich grün färben?

2 EINFACH GANZ ENTSPANNT

Ebenso wie der hypnotische Zustand ist Entspannung uns allen vertraut. Manchmal glauben wir in unserer hektischen Zeit, dass uns die Fähigkeit zu entspannen abhanden gekommen ist. Wir spüren den Stress körperlich, und wenn wir endlich denken, uns entspannen zu können, sei es am Wochenende oder im wohl verdienten Urlaub, fällt es uns mit einem Mal schwer. Dann ist Entspannung etwas, das wir ebenso krampfhaft suchen wie den Schlaf in unruhigen Nächten – vertraut, doch fern und schwer zu erlangen. Wir kommen nicht zur Ruhe, können nicht loslassen, und oft genug werden wir erst einmal krank.

Tiefe Entspannung kann genau wie Hypnose eine Trance bedeuten.

Und doch geht Hypnose nicht automatisch mit Entspannung einher. Schamanische Tänze, Trommeln, Joggen, das unermüdliche Wiederholen einer Bewegung oder einer Silbe wie im Gebet oder einem Ritual können ebenso eine hypnotische Trance hervorrufen wie das Hinwegdriften in tiefster Entspannung. Kurz: Wir müssen nicht entspannt sein, um den hypnotischen Zustand zu erleben. Doch bringt uns die Entspannung, wann immer wir sie üben, einen immensen Nutzen. Entspannungstherapie wird erfolgreich eingesetzt bei Stress, Schlafstörungen, Schmerzzuständen wie Migräne, Muskelverspannungen, zum Beispiel im Nacken oder Rücken, bei Ängsten, Asthma, hohem Blutdruck und ähnlichen Gesundheitsstörungen. Entspannung wirkt sich auch positiv auf die Konzentrations- und Gedächtnisleistung aus und trägt damit zu unserem Wohlbefinden bei. Auch wenn Sie die folgenden Übungen nicht machen möchten, um mehr über die Hypnose an sich selbst zu erfahren, können Sie einen Nutzen aus der wiedergewonnenen Fähigkeit ziehen, sich einfach tief zu entspannen. Und wie bei allem, was wir einüben, gilt: Je vertrauter wir mit der Übung sind, je öfter wir sie also für uns wiederholen, desto einfacher können wir auf sie zurückgreifen, wenn wir ihren Effekt – in dem Fall die Entspannung – dringend benötigen.

Tranceinduktion

Auch wenn wir es zwischenzeitlich verlernt haben, so waren wir alle einmal entspannt. Entspannung ist eine Ressource, auf die jeder von uns zurückgreifen kann, nur vielleicht nicht bewusst jetzt oder in einem speziellen Moment. Weil wir es noch nicht geübt haben. Doch wann immer wir etwas gekannt oder gekonnt haben, wird die Hypnose uns helfen, darauf zurückzugreifen. »Entspann dich!« klappt niemals als Befehl, so funktionieren wir nicht. Es ist eine Einladung, sich in den vertrauten Zustand zu begeben, in dem unser Körper und unser Geist in Harmonie sind.

Daher lade ich Sie nun ein, loszulassen, sich einfach wohlzufühlen.

Die folgende Induktion ist eine so genannte Leerhypnose. Sie dient dazu, Hypnose einfach mal zu erleben. Dabei werden keine Inhalte wie »Du hast kein Verlangen mehr nach Zigaretten« oder Ähnliches suggeriert. Es geht vielmehr darum, sich ein wenig treiben zu lassen. Wenn Sie die Übung auf Seite 129 gemacht haben, so haben Sie schon ein wenig geschnuppert, wie sich der hypnotische Zustand anfühlt. Bei der folgenden Induktion gehen Sie ein wenig tiefer hinein und lernen außerdem, mit Stress wirksam umzugehen und ihn abzubauen. Sie können sich den Text mehrfach durchlesen und dann die Übung ausprobieren. So können Sie ihn sich entweder einfach auf Band sprechen und es dann ablaufen lassen. Oder ein Mensch Ihres Vertrauens liest Ihnen die Worte vor.

Die Übung lässt sich übrigens gut als Einschlafhilfe nutzen. Ihr Körper wird mehr und mehr loslassen, und auch Ihre Gedanken werden nicht mehr um ein Problem kreisen, das Sie wach hält, sondern zur Ruhe finden und Ihnen die nötige Entspannung schenken, auf dass Sie den folgenden Tag gut meistern können.

Sollten Sie wirklich einschlafen, so brauchen Sie keine Angst zu haben: Sie werden wieder wach. Ihr Körper hat sich in dem Fall nur geholt, was er am dringendsten braucht – nämlich Schlaf. Doch ob Sie nun schlafen oder in den hypnotischen Zustand gleiten, Sie werden feststellen, dass Sie sich mithilfe der Übung rundum ausgeruht fühlen.

Wie ich auf der Bühne gern sage: »Man fühlt sich, als wäre man zwei Wochen im Urlaub gewesen.«

Und dafür lohnt es sich doch, oder?

Leerhypnose zur Entspannung

Sprechen Sie sich den nachfolgenden Text auf ein Band (Diktiergerät, Computer oder Ähnliches). Oder jemand liest Ihnen den Text vor. Lassen Sie sich Zeit dabei, machen Sie zwischen den Sätzen ruhig Pausen, sodass keine Hektik entsteht:

Setze oder lege dich bequem hin. Mach es dir so bequem wie möglich. Nimm einmal einen tiefen Atemzug. Und jetzt wieder ausatmen, genau so. Und noch einmal nimmst du einen tiefen Atemzug. Und jetzt wieder ausatmen. So ist es gut. Und jetzt der tiefste Atemzug von allen. Und beim Ausatmen schließt du jetzt einfach deine Augenlider. Genau so. Du atmest ganz ruhig und entspannt weiter, während du den Worten folgst, und dabei kannst du auch das Gewicht deiner Arme spüren. Du spürst deinen Rücken, wie er die Lehne oder auch die Liegefläche berührt, und du kannst jetzt auch beginnen, immer mehr Entspannung in deinen Füßen zuzulassen. Immer mehr

entspannst du jetzt deine Beine, deine Waden, die Oberschenkel entspannen sich jetzt immer mehr, auch deine Füße, angenehm entspannt.
Erlaube der Entspannung einfach, weiter nach oben zu wandern, über die Hüften, und auch der Rücken entspannt sich jetzt immer mehr.
Möglicherweise hast du schon bemerkt, dass sich auch der Bauch immer mehr entspannt. Der Rücken, der Bauch, der Oberkörper, entspannen sich jetzt immer mehr. Immer mehr entspannt sich jetzt der Bauch, der Rücken und auch der Oberkörper, angenehm entspannt.
Und jetzt kannst du beginnen, die Entspannung sich in deine Schultern ausbreiten zu lassen, sodass sich jetzt auch deine Schultern immer mehr entspannen. Die Entspannung breitet sich noch weiter aus in die Arme, die Oberarme, die Unterarme bis in die Fingerspitzen, alles ist angenehm entspannt. Immer mehr entspannen sich die Schultern, die Oberarme, die Ellenbogen, die Unterarme, die Hände, bis in die Fingerspitzen, angenehm entspannt.
Nun konzentriere dich einmal auf deinen Nacken und auf deinen Hals. Entspanne nun auch deinen Hals und deinen Nacken immer mehr. Und es ist völlig in Ordnung, wenn der Kopf dabei nach vorn, zur Seite oder nach hinten, in eine für dich bequeme Position sinkt.
Lass nun diese Entspannung weiter nach oben wandern, sodass auch dein Kopf die Möglichkeit bekommt, sich immer mehr zu entspannen. Auch die Kopfhaut entspannt sich. Vielleicht hast du schon bemerkt, wie sehr sich jetzt auch dein Gesicht immer mehr entspannt. Die Augen, der

Mund, die Nase entspannen sich jetzt immer mehr. Angenehm entspannt ist nun der ganze Kopf.

Dein gesamter Körper entspannt sich jetzt immer mehr, vom Kopf bist in die Zehenspitzen, angenehm entspannt.

Jetzt stell dir einmal vor, du stehst oben vor einer Treppe, mit zehn breiten, sicheren Stufen. An der Seite ist auch ein Geländer, an dem du dich festhalten kannst, wenn du möchtest.

Ich werde jetzt gleich von eins bis zehn zählen. Und ich möchte, dass du diese Treppe mit jeder Zahl immer tiefer und tiefer hinuntergehst. Mit jeder Zahl immer tiefer und tiefer in diesen angenehmen, entspannten Zustand. Und los geht es. EINS ... die erste Stufe, lass dich einfach treiben, immer tiefer und tiefer. ZWEI ... einfach treiben lassen, wirken lassen, geschehen lassen. DREI ... mit jedem meiner Worte sinkst du einfach immer tiefer und tiefer in diesen angenehmen und entspannten Zustand. VIER ... deine Gedanken kommen und gehen, du hältst einfach keinen Gedanken mehr fest. FÜNF ... sie ziehen vorbei, wie Wolken an einem klaren Himmel. SECHS ... immer tiefer und tiefer gehst du in diesen angenehmen, entspannten Zustand. SIEBEN ... Geräusche von außen helfen dir, dich noch mehr zu entspannen. ACHT ... immer tiefer und tiefer. NEUN ... vollkommen wohl und entspannt. ZEHN ... und du lässt dich einfach treiben, immer tiefer und tiefer in diesen angenehmen und entspannten Zustand. Alles, was ich sage, wird genau so eintreffen, wie ich es dir jetzt sage. Jedes meiner Worte dringt tief in dein Unterbewusstsein ein und wird zu einem Teil von dir. In jeder Situation bleibst du vollkommen entspannt und gelöst. In jeder Situation vollkommen ruhig, vollkommen entspannt.

Du hast eine Art Schutzschild um dich herum, und dieser Schutzschild lässt alles Positive herein, und alles Negative prallt einfach an ihm ab. Dieser Schutzschild lässt alles, was gut für dich ist, alles, was dir guttut, zu dir hindurch. Alles, was negativ ist, lässt er einfach abprallen, wie einen Tennisball von einer Mauer.

So ist es dir nun möglich, an dich herangetragene Aufgaben mit Ruhe und Besonnenheit zu lösen und zu meistern. Ganz ruhig und entspannt.

Sollte doch einmal eine Situation stressig werden, dann kannst du einfach einmal einatmen und die Luft durch deine Lippen gepresst nach außen lassen. Das wirkt wie ein Ventil. Wie bei einem Druckbehälter, wo man einfach den überschüssigen Druck ablässt. Und du kannst bemerken, wie du immer entspannter werden wirst, wenn du die Luft durch die Lippen gepresst nach außen lässt. Probier es doch gleich bei drei einfach aus. Ich zähle von eins bis drei, du nimmst einen tiefen Atemzug und lässt die Luft durch die Lippen gepresst nach außen. Dabei kannst du spüren, wie sich die Entspannung immer mehr in deinem Körper ausbreitet. Bei drei ... Eins ... zwei ... drei ... Einatmen und beim Ausatmen die Luft durch die Lippen entlassen, wie ein Ventil, genau so.

Und ab jetzt, immer dann, wenn du Entspannung gebrauchen kannst, atme tief ein und lass die Luft durch die Lippen wieder heraus. Um dann einfach zu bemerken, wie sich die Entspannung in deinem ganzen Körper ausbreitet.

So kannst du in jeder Situation vollkommen gelöst und entspannt bleiben. Genau so. In jeder Situation bleibst du absolut ruhig und entspannt.

Und du genießt jetzt noch einmal diesen entspannten Zustand und diese Ruhe. Und in dieser Ruhe hat sich alles, was ich gesagt habe, in deinem Bewusstsein eingeprägt. Alles, was ich gesagt habe, wird genau so eintreffen, wie ich es dir jetzt gesagt habe.

Und ganz langsam kannst du dich jetzt wieder bereit machen zum Erwachen. Ich werde jetzt gleich rückwärts zählen von fünf bis eins. Bei der Zahl Eins bist du wieder hellwach zurück im Hier und Jetzt. Bei der Zahl Eins öffnest du die Augen und fühlst dich hellwach, frisch und ausgeruht. Wie nach einem langen, erholsamen Schlaf. Mit jeder Zahl frischer und wacher. FÜNF ... mit jeder Zahl frischer und wacher. VIER ... der Kopf immer kühler und klarer. DREI ... der ganze Körper füllt sich mit Energie. ZWEI ... der Körper locker, leicht und gelöst. EINS ... Augen auf HELLWACH.

Wenn Ihnen die Übung gefällt und Sie sich wohl damit fühlen, möchten Sie sie vielleicht wiederholen. Auf diese Weise erlangen Sie mit der Zeit die Fähigkeit, bewusst schnell und leicht in Trance zu gehen. Schon bald brauchen Sie den Text nicht mehr zu hören. Dann können Sie in die Hypnose gehen, wo und wann immer Sie wollen.

Erinnern wir uns: Wo Entspannung ist, da ist auch Wohlgefühl.

Wo Entspannung ist, da kann keine Angst sein.

Entspannung ist essenziell.

Entspannung für Imaginationskünstler

Wenn Sie zu den Menschen gehören, die am liebsten den ganzen Tag über träumen und sich in der Fantasie an andere Orte versetzen, können Sie diese innere Ressource dazu nutzen, in eine tiefe Entspannung zu gehen. Fantasiereisen dienen als Wohlfühl-Werkzeug, um erholt und gestärkt in den Alltag zurückzukehren.

Im ersten Teil des Buches haben Sie sich bereits an einen Strand begeben, sich darauf eingelassen und ihn so gestaltet, dass Sie sich wohlgefühlt haben. Wenn Ihnen die Vorstellung noch ein wenig schwergefallen ist, so ist das ganz in Ordnung. Sie brauchen dann bloß etwas Übung. Und es muss auch nicht immer der Strand sein.

Allerdings kann ich Ihnen das Ziel Ihrer Fantasiereise nicht vorgeben. Das hat einen einfachen Grund: Sie und ich haben Gemeinsamkeiten, doch auch Unterschiede. Und da wir uns nicht persönlich gegenübersitzen, kann ich nur Ihr Reiseberater, nicht aber Ihr Reiseführer sein.

Das Ziel, wohin Ihre innere Reise geht, bestimmen Sie selbst. Denn ich weiß nicht, ob Sie sich auf einer Wiese wohlfühlen oder lieber am Strand, ob ein See Ihnen angenehmer wäre, ein Fluss oder die Berge.

Wie fast alle Menschen werden auch Sie wahrscheinlich unangenehme Erinnerungen in sich bergen, vielleicht sogar Traumata, Verluste, Krankheiten. Wer Heuschnupfen hat, wird sich auf einer blühenden Wiese kaum wohlfühlen, sondern die klare Berg- oder Seeluft als angenehm empfinden. Und wer als Kind in einen See gefallen ist, kann Angstzustände mit dem Wasser verbinden.

Auch in Hypnoseshows kann ich nicht sicher sein, ob die Freiwilligen, die zu mir auf die Bühne kommen, sich in all den Szenarien wohlfühlen, in die ich sie führen werde. Da geht es im Flugzeug zu einem Traumziel und später dann in einen Freizeitpark auf die Achterbahn, alles durchaus Vorstellungen, die sich negativ anfühlen können oder womöglich sogar Angst machen. Doch ich greife bei meinen Suggestionen auf ein Werkzeug zurück, das in der Hypnotherapie gern gebraucht wird: Ich schicke die Personen zurück in eine Zeit, als sich das gut angefühlt hat. So suggeriere ich zum Beispiel: »Du kommst jetzt in einem Freizeitpark. Vor dir siehst du eine Achterbahn, und du freust dich! Du bist in einem Alter, in dem dir Achterbahnfahren so richtig Spaß macht und du dich rundum wohl dabei fühlst. Und schon ist es soweit, du darfst einsteigen!«

So lasse ich jeden selbst entscheiden, wann dieser Zeitpunkt ist; nur das Wie – das Wohlfühlen – gebe ich als Suggestion vor. Und das ist wichtig. Würde ich sagen: »Du bist wieder ein kleines Kind von fünf Jahren, und Achterbahnfahren macht dir so richtig Spaß«, könnte ich unter Umständen ein traumatisches Ereignis wachrufen. Denn ich kann ja nicht wissen, was der Fremde, der zu mir auf die Bühne gekommen ist, im Alter von fünf Jahren erlebt hat.

Die Worte »als du dich rundum wohl dabei fühlst« drücken noch mehr aus. Schauen Sie genau hin: »Als du dich rundum wohl dabei fühlst« birgt in sich die Aussage, dass man sich je dabei wohlgefühlt hat. Und das war sicher auch der Fall, selbst wenn sich das Achterbahnfahren später durch eigene Erfahrungen oder angelerntes Verhalten ganz anders anfühlte.

Haben Sie auch schon erlebt, dass Sie ohne großes Nachdenken etwas ausprobiert und es genossen haben, und danach meldete sich die »Stimme der Vernunft«? »Das hast du dich getraut? Da warst du wohl nicht ganz bei Sinnen. Davon wird einem doch schlecht!« Auch wenn unser Bewusstsein das Achterbahnfahren in der Gegenwart als unangemessen, als negativ einstuft, gab es eine Zeit, in der Sie anders empfunden haben. Wann immer Sie also zum Beispiel sagen: »Ich kann nicht mit der Achterbahn fahren, da wird mir schwindlig«, Sie aber im Grunde doch gern Ihre Freunde oder Familie auf einer Fahrt begleiten würden, können Sie dies mithilfe der Hypnose auch wieder tun und sich wohl dabei fühlen. Sie greifen zurück auf eine Ressource.

Fantasiereise

Doch nun zu unserer Fantasiereise. In der Natur fühlen wir uns eingebunden in die Welt um uns herum, sie dient uns als Quelle der Kraft, der Ruhe und Inspiration. Wenn Sie gern mithilfe der Imagination in die Entspannung driften möchten, so begeben Sie sich doch auf einen Spaziergang. Nutzen Sie all Ihre Sinne. Spüren Sie eine wohlige Wärme, während Sie in Ihrer Vorstellung durch eine Landschaft Ihrer Wahl spazieren. Riechen Sie einen Duft, den Sie mögen. Fühlen Sie einen angenehmen Untergrund, auf dem Sie laufen. Vielleicht setzen oder legen Sie sich ja auch eine Weile hin. Fühlen Sie sich ganz geborgen.

Sie können die Landschaft, in die Sie eintreten, anhand von Erinnerungen oder Fotografien auswählen. Oder Sie schaffen sich ganz einfach selbst eine Gegend, in der Sie hinwegdriften können, loslassen, sich einfach wohlfühlen. Sie selbst entscheiden, wohin die innere Reise geht, ob Sie das Meer riechen, den Sand unter den Füßen spüren oder die klare, angenehme Luft der Berge atmen. Das eigene Wohlgefühl ist Ihr Reiseleiter.

Häufig sind die Fantasiebilder, aus denen unsere Reise sich zusammensetzt, starke Symbole, die uns Auskunft geben über das, was uns im tiefsten Innern bewegt. Selbst an Tagen, an denen wir uns vorkommen, als müssten wir ganz allein eine Wüste durchwandern, kann die Imagination uns einen Brunnen, vielleicht sogar eine Oase zaubern und uns das an Kraft geben, was wir für den Augenblick benötigen. Sie haben in jedem Augenblick Ihrer Reise die Macht, Ihre Umgebung zu verändern. Die einzige Regel, die hierbei gilt, ist das Sichwohlfühlen. Der Baum, in dessen Schatten Sie ein wenig rasten wollen, ist plötzlich kahl? Lassen Sie ihn neue Knospen entwickeln. Sehen Sie zu, wie die Knospen aufspringen und grüne Blätter sich entfalten. Schaffen Sie sich einen Wohlfühlraum unter seinen Zweigen.

Wir alle tragen die Kraft der Veränderung in uns. Und nicht nur das: Wir haben auch die Antworten auf unsere Fragen in unserem Innern parat. Im hypnotischen Zustand stehen sie uns alle zur Verfügung.

3 ICH SEH ETWAS…!

Das Visualisieren ist eine der wirksamsten Techniken, die in der Hypnose angewendet werden. Aber eben nicht nur in der Hypnose. Auch Sie können diese Techniken für sich im Alltag nutzen. Wahrscheinlich haben Sie längst davon Gebrauch gemacht, wir tun das nämlich ständig im täglichen Leben. Ich selbst setze das Visualisieren ganz bewusst ein.

Vor einem Auftritt stelle ich mir zum Beispiel vor, wie die Menschen mich mögen, wenn ich auf die Bühne komme, wie sie Beifall klatschen, wie die Freiwilligen auf die Bühne kommen und wunderbar leicht in die Hypnose gehen. Zudem visualisiere ich auch, wie viel Spaß die Zuschauer dabei haben. Dieses innere Bild verleiht mir genau die Haltung, die ich für die Show brauche. Und diese überträgt sich dann eben auch auf das Publikum.

Das soll allerdings nicht heißen, dass Sie alles einfach nur visualisieren müssen, um zum Beispiel ein Ziel zu erreichen, Sie müssen auch manchmal etwas mehr dafür tun. Mit dem Visualisieren wird es aber bedeutend leichter.

Visualisieren

Sie kennen das bestimmt: Sie liegen auf der Couch, schauen vielleicht fern, und der Zeitpunkt rückt näher, an dem Sie aufstehen müssen, weil Sie noch etwas zu erledigen haben. Doch Sie haben überhaupt keine Lust, Ihnen fehlt die Motivation.

Probieren Sie doch einfach Folgendes: Schließen Sie die Augen und stellen Sie sich bis ins kleinste Detail vor, wie Sie aufstehen. Wie Sie sich zur Seite drehen, den Oberkörper aufrichten, wie erst der eine Fuß den Boden berührt und dann auch der andere. Vielleicht müssen Sie sich auch mit den Händen abstützen, bevor Sie aufstehen. Je genauer Sie es sich vorstellen, desto besser!

Und dann öffnen Sie die Augen und stehen wirklich auf. Sie werden merken, dass es Ihnen viel leichter fällt und Sie viel motivierter an die Aufgabe herangehen.

Sie können diese einfache, aber wirksame Übung nutzen, wann immer Ihnen die Motivation zum Handeln fehlt.

Der Wohlfühlraum

Eine ausgezeichnete Möglichkeit, das Visualisieren zu üben und sich gleichzeitig ein Werkzeug zu schaffen, das Ihnen in vielen Situationen nützlich sein kann, ist der so genannte Wohlfühlraum. Sie können diesen Raum nutzen, wenn Sie in einer Situation sind, in der Sie sich vielleicht nicht so wohl fühlen oder womöglich Stress haben. Die Übung ist sozusagen ein kleiner Urlaub für die Seele.

Im Wohlfühlraum

Visualisieren Sie einen Raum, einen Ort, wo Sie sich absolut sicher und geborgen und vor allem wohl fühlen. Wo Sie für sich das Gefühl haben: Auch wenn es mir einmal nicht so gut geht, es geht mir schon viel besser, wenn ich dort hingehe.

Dies kann ein Ort sein, den es tatsächlich gibt, es kann aber auch ein Ort sein, den Sie nur in Ihrer Vorstellung erschaffen. Wichtig ist, dass Sie sich diesen Ort mit allen Sinnen vorstellen. Was sehen Sie, wenn Sie sich an diesem Ort umschauen? Gibt es vielleicht eine Farbe, die dafür sorgt, dass Sie sich sicher fühlen? Gibt es möglicherweise Gegenstände, die Ihnen helfen, dass Sie sich wohlfühlen? Was hören Sie? Gibt es ein Geräusch, das Ihnen hilft, sich wohlzufühlen? Wenn der Ort am Meer liegt, können Sie sich das Meeresrauschen vorstellen. Möglicherweise ist es auch irgendeine Musik.

Gibt es einen Geruch? Viele Orte haben einen spezifischen Geruch. Sind es Blumen, die duften? Oder ein anderer bestimmter Raumduft?

Vielleicht schmecken Sie ja auch etwas. Wenn es das Meer ist, können Sie vielleicht Ihre salzigen Lippen schmecken.

Sie merken, am besten ist es, wenn Sie all Ihre Sinne gebrauchen. Und wenn es einen Sinneseindruck gibt, der ganz besonders gut hilft, versuchen Sie doch, ihn zu verstärken.
Der Wohlfühlraum ist ein sehr wirksames und auch sehr vielseitiges Werkzeug. Sie können immer hierher zurückkehren, um sich einfach nur wohlzufühlen.

Kopfschmerzfarbe

Dies ist eine Übung, die ich immer gern anwende, wenn ich selbst Kopfschmerzen habe. Ich bin kein Anhänger von Schmerzmitteln, und als Hypnotiseur ist es für mich geradezu eine Frage der Ehre, mir die Kopfschmerzen selbst »wegzudenken«. Versuchen Sie es! Mit den Techniken der Entspannung und Visualisierung sind auch Sie in der Lage, Kopfschmerzen loszuwerden.

Ade, Kopfschmerz

Bevor Sie beginnen, machen Sie eine so genannte Skalierung. Fragen Sie sich: Auf einer Skala von eins bis zehn, wo würde ich meinen Kopfschmerz einordnen? Eins bedeutet: Mein Kopf fühlt sich so leicht und angenehm an, dass es schon fast gespenstisch ist. Und zehn bedeutet: Nein! Das ist so schlimm wie nie zuvor, ich halte es nicht mehr aus, ich glaube, mein Kopf explodiert gleich! Wobei ich sagen muss: Wenn es sich bei Ihrem Kopfschmerz um eine Zehn handelt, dann sollten Sie auf jeden Fall einen Arzt aufsuchen!

Diese Skalierung hilft Ihnen festzustellen, ob sich im weiteren Verlauf der Übung etwas verändert hat und in welchem Rahmen. Bei Kopfschmerzen ist es ja häufig schon sehr wohltuend, wenn der Schmerz nachlässt, selbst wenn er nicht ganz verschwindet.

Und nun beginnen Sie. Das Erste, was Sie tun: Sie stellen sich Ihren Kopfschmerz als Farbe vor. Das hört sich vielleicht merkwürdig an, aber mit ein wenig Fantasie funktioniert es. Sie fragen sich also selbst: Welche Farbe wäre mein Kopfschmerz, wenn er eine Farbe wäre?

Vielleicht schließen Sie die Augen, so wie auch ich es tue, wenn ich die Übung mache. Ich selbst kann mich dann besser konzentrieren.

Sobald Sie ein Ergebnis haben, also Ihrem Kopfschmerz eine Farbe zuordnen können, fragen Sie sich als nächstes: Welche Farbe hätte es, wenn die Kopfschmerzen vollständig verschwunden wären? Wenn mein Kopf klar wäre, ganz leicht und vollkommen entspannt. (Vielleicht haben Sie es erkannt: Dies ist eine Zielformulierung.) Wenn Sie bereits eine Farbe für Ihre Kopfschmerzen gefunden haben, fällt es Ihnen jetzt schon viel leichter, auch hier eine passende Farbe zu finden.

Anschließend gehen Sie zurück zu Ihrer »Kopfschmerzfarbe« und stellen sich diese erneut vor. Dann beginnen Sie, diese Farbe in Ihren Gedanken zu verändern. Machen Sie sie immer heller, lassen Sie die Farbe sich mehr und mehr in Richtung Weiß »verwandeln«. Sehen Sie zu, wie sie einen Pastellton hat und dann noch heller wird, bis es schließlich Weiß ist. Gut!

Wenn Sie das getan haben, dann lassen Sie das Weiß sich in Richtung der Farbe verwandeln, die »ohne Kopfschmerzen« für Sie bedeutet. Sehen Sie zu, wie sich das Weiß langsam verändert, wieder Pastell wird und sich dann mehr und mehr zu Ihrer »Zielfarbe« hin verwandelt.

Dies können Sie ganz in Ihrem eigenen Tempo machen. Nehmen Sie sich jeweils die Zeit, die Sie brauchen.

Wenn Sie damit fertig sind und über das Weiß und das Pastell Ihre Zielfarbe erreicht haben, dann skalieren Sie noch einmal: Also, auf einer Skala von eins bis zehn, wo sind Ihre Kopfschmerzen jetzt?

4 ZIELE – DER MOTOR UNSERER MOTIVATION

Ohne Ziele gibt es keine Richtung, in die man sich bewusst bewegt. Auch wenn wir uns manchmal gern treiben lassen wollen, helfen Ziele uns doch, ein wirkliches Wohlbefinden zu erlangen. Oft ist es sogar kontraproduktiv, wenn man ein Verhalten ändern möchte und dabei kein klares Ziel setzt.

Ein gutes Beispiel hierfür ist die so genannte Fluchtmotivation. Wenn zum Beispiel ein Raucher den Beschluss fasst, mit dem Rauchen aufzuhören, kann dies deshalb geschehen, weil sich seine Gesundheitswerte stark verschlechtert haben oder jemand in seinem Umfeld durch das Rauchen ernsthaft krank geworden oder gar gestorben ist. Derartige Erlebnisse bewirken nicht selten dann den Impuls, sofort mit dem schädlichen Verhalten aufzuhören. Aus verständlichen Gründen. Das Problem dabei ist, dass eine solche Fluchtmotivation sich nicht auf ein Ziel zu bewegt, sondern von etwas weg. Zu Beginn ist dieser Impuls häufig sehr hilfreich. Wenn dann aber keine Ziele gesteckt werden, löst sich die Motivation meist recht schnell in Luft auf.

Denn: Ziele sind die Motoren der Motivation!

Wenn ich mir Ziele setze, dann weiß ich, worauf ich mich zu bewege. Dabei ist es wichtig, dass man sich ein Hauptziel setzt. Genauso wichtig ist jedoch, dass man dieses Ziel in viele kleine Teilziele unterteilt. Ich vergleiche dies gern mit einem Marathon. Wenn der Läufer startet und nur ein einziges Ziel vor Augen hat, nämlich seine zweiundvierzig Kilometer zu laufen, dann würde er wahrscheinlich schon nach den ersten Seitenstichen aufgeben und sich sagen: »Das sind ja noch vierzig Kilometer, das schaffe ich nie!« Stattdessen kann er sich seine Strecke in viele kleine Ziele unterteilen. »Noch bis zum Briefkasten, das schaffe ich.« Wenn der Briefkasten erreicht ist, sagt er sich vielleicht: »Jetzt laufe ich bis dahinten zu der Straßenecke.«

Ziele sollten ein bestimmtes »Format« haben, wenn wir sie formulieren. Damit ist gewährleistet, dass die Motivation so hoch wie möglich gehalten wird.

Zuerst sollte ein Ziel immer positiv formuliert sein. Ein positives Ziel ist einfach attraktiver für uns, und zudem kann unser Unterbewusstsein besser damit umgehen. Urteilen Sie selbst, was für Sie attraktiver wäre, wenn Sie zu sich selbst sagen: »Ich möchte mich nicht so schnell aufregen.« oder aber: »In bestimmten Situationen möchte ich einfach ganz entspannt und ruhig reagieren.«

An diesem Beispiel können Sie übrigens sehen, dass es viel angenehmer ist, sich auf etwas zu zu bewegen als von dem Muster weg, das Sie nicht mehr erleben wollen.

Als nächstes sollte ein Ziel realistisch und aus eigener Kraft heraus erreichbar sein. Wenn Sie beispielsweise das Ziel haben, Klavier spielen zu lernen, und vorher noch nie ein Klavier auch nur angefasst haben, dann wäre es höchst unrealistisch, wenn Ihr Ziel wäre: »Ich möchte nächste Woche das Klavierkonzert Nr. 1 von Tschaikowski spielen können.«

Überlegen Sie gut, wie realistisch Ihr Ziel ist. Legen Sie die Latte nicht zu hoch, aber auch nicht zu tief. Und: Sie sollten selbst auch davon überzeugt sein, dass Sie das Ziel aus eigenen Kräften erreichen können.

Dann sollte ein Ziel einen zeitlichen Rahmen haben. Um noch einmal das Beispiel mit dem Klavier zu nehmen: Wenn Sie sich das Ziel setzen: »Ich will irgendwann Klavier spielen können.«, werden Sie dieses Ziel wahrscheinlich nicht erreichen. In unserem Unterbewusstsein herrscht, wie bereits erklärt, das Prinzip der »Wortwörtlichkeit«. Erkennen Sie es, das kleine Wort »irgendwann«? Genau. In diesem Fall bedeutet es eben auch, dass Sie sich selbst keinerlei zeitliche Begrenzung auferlegen.

Wenn Sie sich stattdessen sagen: »Ich möchte im nächsten Jahr das Stück ‚Für Elise' spielen können.«, dann können Sie sich in einem Jahr ans Klavier setzen, und Sie können das Stück spielen oder eben nicht.

Damit komme ich zum nächsten Punkt: Das Ziel sollte messbar sein. Das bedeutet nicht unbedingt, dass es in Zahlen auszudrücken sein muss. Es reicht, wenn Sie wissen, wie sich es anfühlt, wenn Sie das betreffende Ziel erreicht haben. Ihr Ziel auf dem Klavier ist messbar, entweder Sie können das Stück spielen oder eben nicht. Wenn Sie das Ziel haben: »Ich möchte, wenn ich im Flugzeug sitze, ganz entspannt und ausgeglichen sein.«, werden Sie eine Vorstellung davon haben, wie sich das anfühlen müsste. Also ist auch dieses Ziel für Sie messbar, nämlich wenn Sie im Flugzeug sitzen und es sich eben so anfühlt.

Wann immer Sie ein Ziel formulieren, können Sie sich selbst fragen: »Was werde ich sehen, hören, fühlen, schmecken, riechen, wenn ich das Ziel erreicht habe?« Haben Sie es erkannt? Da ist es wieder: VAKOG, der Bezug auf all unsere Sinneskanäle.

Die Wunderfrage

Manchmal gelingt es einem nicht, seine Ziele zu formulieren. Man ist sich selbst darüber im Unklaren, was man denn genau erreichen möchte. Dafür gibt es jedoch ein ausgezeichnetes Mittel: die Wunderfrage.

Die Wunderfrage stellen

Stellen Sie sich selbst die Frage: »Wenn über Nacht ein Wunder geschehen würde, ich also morgens wach werde und alles wäre genau so, wie ich es gern hätte: Woran würde ich es merken? Woran würden andere es merken? Und woran würde ich merken, dass andere es merken?

Diese Wunderfrage, die wir an uns selbst richten, hat meistens zur Folge, dass das Ziel sehr sinnesspezifisch formuliert wird: »Ich bin, schon bevor ich in das Flugzeug steige, vollkommen entspannt, ich habe warme Füße und Hände. Mein Puls ist langsam und stark. Meine Gedanken kreisen um angenehme Dinge, und ich freue mich auf meinen Urlaub.«

Manchmal tauchen auch negativ formulierte Beschreibungen in uns auf. Wie zum Beispiel: »Ich habe keine Angst.« Oder: »Ich möchte keine Angst mehr haben.« Stellen Sie in diesem Fall die Gegenfrage, um eine positive Formulierung zu bekommen: »Was möchte ich denn stattdessen erleben?«

Ein Ziel sollte – wie bereits gesagt – in möglichst viele Teilziele unterteilt sein. Und seien diese noch so klein! Jedes noch so kleine erreichte Ziel sollten Sie dann auch feiern. Seien Sie stolz auf das Erreichte. Auf diese Weise halten Sie die Motivation aufrecht und sorgen dafür, dass keine Frustration eintritt. Denn die tötet jede Motivation ab. Also sollten wir Frustration so gut es geht vermeiden.

Manchmal erlebe ich es auch, dass Klienten sich mit ihren vielen Zielen völlig überlasten. Dann kann es sehr hilfreich sein, sich erst einmal nur ein oder zwei Ziele vorzunehmen, damit es aus eigenen Kräften machbar bleibt.

Aber was, wenn wir doch einmal »gescheitert« sind? Hier biete ich gern das Bild einer Treppe an. Ganz egal, ob man in seiner Vorstellung die Treppe rauf- oder runtergeht, am Ende sollte das Ziel stehen. Und dann kann es auch einmal passieren, dass man eine oder mehrere Stufen zurückfällt. Man darf einfach nicht aus den Augen verlieren, dass man die Treppe hinauf (oder hinunter) will. Hierdurch verliert man seine Ziele nicht aus den Augen, und Frustration wird vermieden.

Bei vielen Zielen ist es wichtig, dass man durchhält und auf dem richtigen Kurs bleibt. Wenn Sie zum Beispiel rauchfrei leben wollen (Haben Sie die positive Formulierung bemerkt?) und sich das Ziel gesetzt haben: »Meine Wohnung soll angenehm riechen!«, kann es sein, dass Sie nur noch auf dem Balkon rauchen. Das gesetzte Ziel – nämlich, dass die Wohnung angenehm riecht – haben Sie damit erreicht. Doch eigentlich wollen Sie ja rauchfrei leben. Dann müssen Sie das wirkliche Ziel Ihrem Unterbewusstsein unbedingt immer wieder anbieten, denn nur so kann es im wahrsten Sinne zu einer Gewohnheit werden. Unser Unterbewusstsein geht meist den Weg, den es schon kennt. Wenn ich also eine neue »Angewohnheit« anbieten möchte, dann muss ich es immer wieder tun. Damit ein neuer Trampelpfad entsteht.

Dazu noch der Hinweis: Ziele sollten unbedingt aufgeschrieben werden. Auf diese Art kann man eine Art Vertrag mit sich selbst schließen und fühlt sich dann eher dazu verpflichtet, seine Ziele auch einzuhalten.

Außerdem kann man hin und wieder nachschauen und sich vergewissern: Welche Ziele hatte ich? Welche habe ich schon erreicht? Ist das überhaupt noch ein Ziel von mir? Denn manchmal können sich Ziele auch verändern.

Das Zielalbum

Das Zielalbum bietet eine hervorragende Möglichkeit, seine Ziele zu visualisieren, um sie leichter zu verwirklichen. Es kann vor allem auch dann helfen, wenn Ihnen das Visualisieren noch schwerfallen sollte.

Ein Zielalbum zusammenstellen

Sobald Ihnen klar ist, welches Ihr Ziel sein soll, dann beginnen Sie alles, was Sie an das Ziel erinnert, zu sammeln. Vor allem Bilder, die Sie in Zeitungen und Magazinen finden. Es können aber auch kleine Gegenstände sein. All das kleben Sie entweder in ein Heft oder sammeln es in einem Schuhkarton, einer Dose oder etwas Ähnlichem. Natürlich können Sie ein Zielalbum auch auf dem Computer erstellen, wenn Ihnen das mehr zusagt.

Wenn Sie zum Beispiel das Ziel haben, Ihre Wohnung neu zu gestalten, dann sammeln Sie Bilder von schönen Wohnungen und Einrichtungsgegenständen, Tapetenstücke. Eine Seite Ihres Albums wird in der Farbe bemalt, die ein bestimmtes Zimmer bekommen soll, usw. So haben Sie jedes Mal, wenn Sie Ihr Album hervorholen, Ihr Ziel im wahrsten Sinne des Wortes direkt vor Augen.

5 DIE KUNST DER WAHRNEHMUNG

Wie schon beschrieben, erleben wir den hypnotischen Zustand häufig in unserem täglichen Leben. Aber nicht nur das. Auch den Sprachmustern, die in der Hypnose genutzt werden, begegnen wir ständig: nämlich in der Werbung, in der Politik, im Berufsleben und auch in der Familie. Das Interessante an diesen Techniken ist, dass sie auf unterbewusster Ebene wirken. Dass sie sozusagen den bewussten Widerstand des Gegenübers »umfahren« können. Und genau das ist auch das Ziel.

Wann immer Sie Suggestionen oder Sprachmuster wie das Yes-Set (siehe Seite 112) oder Double Binds (siehe Seite 114) selbst bewusst einsetzen, gilt es, Verantwortung dafür zu übernehmen und sich zu überzeugen, wie sie denn wirken. Dazu aber benötigen Sie das wichtigste Werkzeug: eine geschulte Wahrnehmung.

Sobald unsere Sinnesorgane sich entwickeln, also schon vor unserer Geburt, nehmen wir die Welt um uns herum und auch uns selbst wahr. Schon früh entwickeln wir einen Wahrnehmungsfilter, sodass die meisten Eindrücke, die wir in jeder Sekunde des Tages sammeln, im Unterbewusstsein abgelegt werden.

Und doch ist unsere bewusste Wahrnehmung eine Ressource, die wir schulen können. Das betrifft zum einen uns selbst. Wie gut können Sie sehen? Was sehen Sie alles, wenn Sie den Filter »ausschalten« und Ihre Umgebung achtsam wahrnehmen? Was hören Sie? Welche Gerüche sind um Sie herum? Welche können Sie identifizieren? Was fühlen Sie, jetzt in diesem Augenblick, auf Ihrer Haut? Unter Ihren Füßen, im Rücken?

Setzen Sie Ihrer Wahrnehmung keine Grenzen, wenn Sie bewusst üben. Sie ist ein Werkzeug, das Sie zu höchster Präzision entwickeln können. Eine geschulte Wahrnehmung ist eine der wichtigsten Fähigkeiten, die man erlangen kann. Das gilt nicht nur für den Hypnotiseur, sondern für jeden Menschen, der sein Leben bewusst gestalten, einen guten Rapport zu anderen herstellen und sich die Techniken der Hypnose zunutze machen will. Deswegen möchte ich Sie nun zu einer Übung einladen, mit der Sie Ihre Wahrnehmung trainieren können. Sie mag Ihnen einfach vorkommen – und das ist sie auch. Doch werden Sie mit jedem Üben feststellen, dass Ihre Wahrnehmung sich verschärft. Lassen Sie sich überraschen, was Sie alles damit erleben können.

Die Wahrnehmung schärfen

Gehen Sie in das nächste Café, bestellen Sie etwas – und beobachten Sie! Bestimmt haben Sie das schon oft getan. Doch dieses Mal tun Sie es bewusst und gehen dabei ganz ins Detail.

Suchen Sie sich jemanden heraus und betrachten Sie ihn:

Wie ist seine Haltung, wie ist seine Körpersprache?

Sitzt er gerade oder eher in sich zusammengesunken?

Ist der Kopf gerade oder eher geneigt?

Sind die Arme gekreuzt, liegen sie locker auf dem Tisch oder auf den Beinen?

Gestikuliert er mit den Armen und Händen, oder sind sie eher passiv?

Sind die Beine überkreuzt oder gerade? Eher ruhig oder unruhig?

Zeigen die Knie zum Gesprächspartner?

Was machen die Hände? Klopfen sie nervös auf den Tisch? Berühren sich die Hände, streicheln sie sich? Zeigen die Finger mehr nach vorn oder eher zu sich selbst?

Bewegt sich die Person langsam oder eher schnell?

Wie ist die Atmung?

- Ist sie schnell oder langsam?
- Flach oder eher tief?

Betrachten Sie die Haut:

- Ist sie eher blass oder eher rosig?
- Trocken oder feucht?

Was ist mit der Mimik?

Zieht die Person eine oder beide Augenbrauen nach oben oder eher zusammen?

Wohin blicken die Augen? Zum Gesprächspartner oder eher weg von ihm?
Schaut die Person eher ernst oder doch vorwiegend fröhlich?
Fallen Ihnen kleine Mimikbewegungen auf? Zum Beispiel: Nase rümpfen, die Zungenspitze wird aus dem Mund geschoben, Lippen lecken, Augen werden groß, Augen werden klein, durch »Sehschlitze« schauen usw.
Wie ist die Sprache (wenn Sie sie hören können)?

- Redet die Person eher laut oder leise?
- Wie ist die Tonhöhe, hoch oder niedrig?
- Redet er oder sie schnell oder langsam?
- Deutlich oder undeutlich?

Wichtig bei dieser Übung ist, dass Sie das Gesehene nicht bewerten. Sagen Sie sich also zum Beispiel nicht: »Aha! Jetzt hat sie die Arme verschränkt. Sie nimmt eine ablehnende Haltung ein. Es interessiert sie also nicht mehr, was er erzählt.« Diese Übung ist nicht dazu gedacht, die Körpersprache zu analysieren. Außerdem muss das Gesehene nicht immer das bedeuten, was Sie denken. Verschränkte Arme können nämlich auch heißen: »Also gut, ich höre dir zu. Gib mir mehr Informationen, um mich zu überzeugen.«

Sie können dieses Beobachten überall üben, ob Sie nun im Bus, in der U-Bahn, im Wartezimmer eines Arztes sitzen oder ob Sie sich mit Ihrem besten Freund unterhalten. Am Anfang werden Sie sich vielleicht erst einmal eine Art Überblick verschaffen. Je öfter Sie üben, umso mehr werden Sie lernen, auf die Details zu achten.

Sobald Sie Ihre Wahrnehmung verbessert haben, können Sie als nächsten Schritt beobachten, wann Veränderungen bei Ihrer »Versuchsperson« eintreten. So kann sich zum Beispiel die Tonhöhe des Gesprochenen verändern. Dies ist häufig der Fall, wenn wir eine freudige Nachricht bekommen oder von etwas überrascht sind. Vielleicht ändert sich auch die Körperhaltung? Die Gestik, die Mimik?

Schauen Sie hin! Und nicht nur das: Setzen Sie all Ihre Sinne ein. Um es noch einmal deutlich zu machen: Je besser Sie wahrnehmen, desto achtsamer werden Sie mit anderen Menschen umgehen und sie erkennen. Achtsamkeit im Leben ist gleichbedeutend mit Erfolg.

6 NEUE WEGE GEHEN

Über unsere alten Gewohnheiten und Verhaltensmuster haben wir bereits gesprochen. Eine wichtige Erkenntnis dabei ist, dass lediglich ein Teil von uns diese unerwünschten Verhaltensweisen begeht. Es ist nicht unser gesamtes Ich, das raucht, zu viel oder zu wenig isst, sich im Stress verliert. Es ist nur ein Teil! Dieser Teil mag sich ein wenig verselbstständigt haben, er hat sich sozusagen unserer Kontrolle entzogen. Doch da auch er zu uns gehört, können wir die Kontrolle über ihn zurückerlangen. Dann gelingt es uns auch, Muster zu unterbrechen und stattdessen etwas für uns Sinnvolles zu tun.

Ich möchte Ihnen dies anhand eines Fallbeispiels aufzeigen. Zu mir kam Julia. Sie hatte sich wie viele von uns schon seit Jahren immer wieder vorgenommen, ihre Essgewohnheiten zu verändern. Streckenweise war ihr das geglückt, doch wie sie selbst erkannte, war der Griff zur Schokolade inzwischen so automatisch geworden, dass er sich zu einem Gesundheitsproblem entwickelt hatte.

Das geht vielen von uns so. Schon wenn wir einkaufen gehen, wissen wir sehr wohl, dass der Gang in die Süßigkeitenabteilung der Anfang vom Ende aller guten Vorsätze ist.

Vielleicht mahnt uns eine innere Stimme, dass wir uns doch eigentlich etwas anderes vorgenommen hatten. Doch sofort meldet sich eine andere Stimme zu Wort und kontert: »Ich kann es mir ja dieses Mal einteilen.« Sprich: mein Verhalten kontrollieren. Und das ist richtig, wir können es – oder besser: könnten. Wenn wir denn die Signale erkennen würden, ab wann sich unser Verhalten der Kontrolle entzieht.

Haben wir uns zum Ziel gesetzt, keine Süßigkeiten zu essen, ist der Kauf noch nicht unmittelbar ein Verstoß gegen diese Abmachung mit uns selbst. Sie macht ihn nur einfacher.

Sind die Süßigkeiten, der Tabak, die Flasche Wein erst einmal daheim in unserer Reichweite, gilt es, achtsam zu sein.

Sind wir es denn, die Schokolade essen wollen, die Zigarette anzünden, den Wein einschenken? Oder ist es nur ein Teil von uns?

Ich fragte Julia, was sie denn dazu meine. Sie überlegte, dann sagte sie: »Das ist nur ein Teil, sonst könnte ich ja nicht damit aufhören wollen. Aber es ist ein ganz schön mächtiger Teil.«

Ich fragte sie daraufhin, ob sie sich diesen Teil vorstellen könne. »Wie sieht er denn aus?«, wollte ich wissen. »Ist er vielleicht drei Meter groß und schwarz?«

»Nein«, lachte sie. »Er sieht aus wie das Michelin-Männchen. Er ist nicht so groß, aber kompakt und wendig.«

»Und was macht er, damit er Sie dazu bewegen kann, die Schokolade zu essen?«, fragte ich weiter.

»Er springt auf meine Schulter und flüstert mir ins Ohr, dass es in Ordnung ist, und wie lecker es schmecken wird. Er ist ziemlich geschickt und dabei so nett.«

Auf diese Weise schilderte sie mir, wie sie die Kontrolle über ihr eigenes Verhalten abgab. Ich sagte es ihr: »Nun ist dies ja nur ein Teil von Ihnen, der sich jedoch Autorität über Sie verschafft und Ihr Verhalten lenkt.«

Die Erkenntnis, dass nicht wir es sind, die sich so verhalten, sondern nur ein Teil von uns, ist ein wichtiger Schritt in diesem Prozess, der hin zu einer Veränderung führen kann.

»Wo müsste der Teil sich denn befinden, und wie groß müsste er sein, damit Sie ihn unter Kontrolle haben?«, fragte ich weiter.

Sie zögerte nicht lange. »Er müsste runter von meiner Schulter, nach dort vorn rechts, hinter einen Zaun.« Dazu machte sie eine entsprechende Geste, als wolle sie ihn wegschieben, von sich weisen.

»Gut so. Dann stellen Sie ihn in Ihrer Vorstellung dorthin. Und wie groß muss er denn sein, dass Sie die Autorität behalten?«

Sie führte Daumen und Zeigefinger zusammen, um mir die Größe anzuzeigen. »So groß wie ein Schlüsselanhänger. Und aus festem Gummi, damit er nicht so wendig ist und sich durch den Zaun auf meine Schulter schlängeln kann.«

Ich empfahl ihr, die Gesten, die sie unwillkürlich gemacht hatte, immer dann zu wiederholen, wenn sie den Wunsch in sich verspürte, zur Schokolade zu greifen.

Wenn die Bereitschaft da ist, ein Verhalten zu ändern, kann diese einfache Übung dazu verhelfen, die Kontrolle über den Teil wiederzuerlangen, der sich quasi verselbstständigt hat.

Die Arbeit mit den Teilen eignet sich hervorragend dazu zu erkennen, in welchen Bereichen unseres Lebens wir die Kontrolle abgegeben haben. Wenn Sie dies an sich selbst ausprobieren möchten, lade ich Sie zur folgenden Übung ein.

Arbeit mit inneren Teilen

Kennen Sie das? Sie reagieren in einer bestimmten Situation immer wieder gleich, und zwar in einer Art und Weise, die Ihnen nicht weiterhilft und die Sie unter Umständen gar nicht an sich mögen.

Aber dies sind ja nicht Sie als Ganzes, sondern es ist ja nur ein Teil von Ihnen.

So bestehen wir alle ja aus unterschiedlichen »Teilen«. Stellen Sie sich vor, Sie möchten etwas kaufen. Ein Teil von Ihnen sagt: »Kauf das, das ist toll.« Der andere Teil sagt: »Nein, das ist doch viel zu teuer, du wolltest doch sparen.«

Ebenso reagiert ein anderer Teil von Ihnen nicht so, wie Sie es sich wünschen würden. Jetzt möchte ich Ihnen zeigen, wie Sie mit diesen Teilen arbeiten können:

Suchen Sie sich einen Ort, an dem Sie sich wohlfühlen und eine Weile ungestört sind. Vielleicht möchten Sie sich ja

in Ihren inneren Wohlfühlraum begeben, in dem Sie sich ein wenig entspannen können. Denn in der Entspannung finden wir leichter Zugang zu unseren Ressourcen und zu unserer Vorstellungskraft.
Wenn Sie sich wohl in sich selbst fühlen, stellen Sie sich das Verhaltensmuster vor, das Sie gern ändern möchten. Ein Teil von Ihnen handelt auf eine Weise, die für Sie nachteilig ist und immer wieder Ärger in Ihnen hervorruft. Wie sieht dieser Teil von Ihnen aus, wenn er die Kontrolle übernommen hat? Wenn dieser Teil eine Person wäre, wie würde sie wohl aussehen?
Vielleicht haben Sie noch Mühe, ihn sich vorzustellen. Dann fragen Sie gezielt, wie ich es in dem Beispiel mit Julia getan habe.
Übertreiben Sie dabei ruhig ein wenig, etwa: »Ist er drei Meter groß und dunkelblau?« Ihre innere Vorstellungskraft hat bereits eine Antwort parat.
Als nächstes überlegen Sie, wo im Raum sich dieser Teil befinden müsste, damit Sie die Kontrolle über ihn zurückgewinnen. Merken Sie sich diese Stelle, denn immer wenn Sie das alte Verhaltensmuster bei sich wahrnehmen, können Sie den Teil visualisieren und ihn »in die Ecke stellen«.
Dann fragen Sie sich: Wie groß müsste dieser Teil sein, damit Sie ihn kontrollieren können? Beschreiben Sie mit der Hand eine Geste, um die Größe anzuzeigen. Ist er kleiner als Sie? Auf Augenhöhe?
Gut! Und nun spielen Sie damit. Stellen Sie sich den Teil immer wieder am Tag vor, schieben Sie ihn von sich und

machen Sie ihn mithilfe der entsprechenden Geste so klein, dass Sie die volle Autorität über sich zurückgewinnen.

Ob Julia damit Erfolg hatte?

In der nächsten Sitzung gingen wir ein Stück weiter. Ich wollte von ihr wissen, wann denn der Teil in ihr zum Vorschein käme ... wann und in welcher Situation das Michelin-Männchen in seiner vollen, unkontrollierten Größe auftauchte.

Sie musste nicht lange überlegen. »Es springt mich an und setzt sich in meinen Nacken.«

»Und wann tut es das?«, fragte ich.

»Wenn ich Stress habe«, sagte sie prompt.

Auf diese Weise erkannte sie, dass Stresssituationen im privaten Bereich wie im Beruf sie dazu brachten, Süßigkeiten zu essen. Genauso unvermittelt, wie das Michelin-Männchen sie ansprang, griff sie dann auch zur Schokolade.

»Was könnten Sie denn stattdessen tun, wenn Sie Stress fühlen? Was würde sich gut anfühlen?«

»Mich entspannen«, sagte sie.

Und damit hatte sie sich selbst die Antwort darauf gegeben, auf welche Weise sie das Muster unterbrechen und ihr unerwünschtes Verhalten ablegen konnte.

Fragen auch Sie sich: Wann taucht das Verhalten auf, das ich ändern möchte? In welcher Situation? Wozu hat es mir bisher gedient? Und: Wie kann ich sonst mit der Situation umgehen, sodass ich etwas für mich tue, das angemessener ist? Damit ich mein Verhalten verändern kann und mich wohl in mir fühle?

7 WIE UNSERE GEDANKEN UNS VERÄNDERN KÖNNEN

Unsere Gedanken und unser Verhalten sind eng verknüpft. Sie bedingen einander: So wie wir denken, verhalten wir uns auch – so wie wir uns verhalten, denken wir auch. Genau diesen Mechanismus können wir uns zunutze machen, um auf das eine mittels des anderen einzuwirken.

Zu diesem Thema hat der amerikanische Psychologe John Bargh eine interessante Untersuchung gemacht: Verschiedene Menschen wurden zu einem psychologischen Experiment eingeladen. Sie trafen sich alle in einem Raum und wurden dann in Gruppen eingeteilt. Jede Gruppe bekam ein bestimmtes Gesprächsthema zugewiesen. Eine Gruppe sollte sich über das Einkaufen unterhalten, eine über Sport, eine andere über das Altwerden und wie das Leben sich mit den Jahren verändert. Die nächste Gruppe bekam wieder ein anderes Thema zugeteilt. Die Teilnehmer dachten nun, dass es bei diesem Experiment einfach darum ging, sich über ein bestimmtes Thema zu unterhalten, und konzentrierten sich darauf. Aber in Wirklichkeit war das nur der erste Teil der Studie. Der zweite Teil begann zu einem Zeitpunkt, als alle dachten, es wäre schon längst vorbei: nämlich auf dem Weg nach draußen.

Von dem Raum, in dem das Experiment stattfand, bis hin zum Ausgang führte ein langer Gang. Den mussten alle Teilnehmer entlanggehen, um nach draußen zu gelangen. Nun wurde die Zeit gemessen, die jeder Einzelne auf dem Weg nach draußen benötigte. Und man stellte fest, dass die Menschen, die sich über das Altwerden unterhalten hatten, am längsten brauchten und eben auch am langsamsten gingen.

Ist das nicht faszinierend? Nur weil diese Menschen sich über das Älterwerden austauschten, übernahmen sie Eigenschaften davon und bewegten sich annähernd so, als wären sie alt.

Dieses Beispiel zeigt deutlich, dass unsere Gedanken unser Handeln stark beeinflussen. Indem man auf der unterbewussten Ebene die Gedanken verändert, kann man so gezielt auf sein Verhalten einwirken.

Das System Wut

Wenn wir auf irgendetwas oder -jemanden wütend sind, dann verändert sich unser Verhalten. Zwar ist es wichtig, das Gefühl der Wut anzuerkennen, doch manchmal wirkt sie sich in einem Maße auf uns aus, dass es uns oder anderen schadet. Wenn wir so richtig wütend sind, zielt unser verändertes Verhalten nicht nur auf das Objekt unserer

Wut, sondern betrifft auch alles andere, das uns möglicherweise in die Quere kommt.

Stellen Sie sich vor, Sie sind in Eile und jemand hat Ihnen den Parkplatz vor der Nase weggeschnappt. Sie standen schon da, haben geblinkt, es kommt einer von der anderen Seite, obwohl es eine Einbahnstraße ist – und er fährt schnell vor Ihnen in die Parklücke.

Was passiert mit Ihnen? Sie denken womöglich: Dieser (...) hat mir meinen Parkplatz vor der Nase weggeschnappt! Ihre Körperhaltung verändert sich, dazu Ihre Atmung, Ihre Stimme, Ihre Mimik und vieles mehr. Und das alles nur wegen eines Gedankens, nämlich, dass Sie auf jemanden wütend sind.

Die Wut wegatmen

Stellen Sie sich vor, Sie befinden sich in der oben geschilderten Situation: Sie haben es eilig, wollen vielleicht gerade zu einem Vorstellungsgespräch, haben endlich eine Parklücke gefunden. Doch jemand hat sich frech an Ihnen vorbeigemogelt und dorthin gestellt. Sie werden wütend, sehr sogar.

Steigen Sie in Ihrer Vorstellung aus dem Auto aus, immer noch voller Wut. Und jetzt machen Sie Folgendes: Sie atmen ganz tief ein. Beim Ausatmen sagen Sie mit herabfallender Stimme, so als ließen Sie sich gerade in einen Sessel fallen: »Ich bin so wütend.«

Atmen Sie wieder ganz tief ein und sagen es noch einmal.
Dies wiederholen Sie ein paar Mal.
Was ist mit Ihrer Wut passiert?
Sie ist weg! Doch warum?
Sie haben einen einzigen Teil in dem »System Wut« verändert, nämlich die Atmung. Denn wütend sein und tief durchatmen funktionieren nur sehr schwer zusammen. Zur Wut gehört normalerweise eine schnelle Atmung. Wenn Sie stattdessen bewusst tief und langsam atmen, zieht sozusagen das ganze System hinterher, und die Wut ist weg.

Haltung annehmen

Ein hervorragendes Werkzeug, um in unserem System etwas zu verändern, ist die eigene Körperhaltung. Wenn man seine Körperhaltung in die gewünschte Richtung hin verändert, dann verändert sich auch die innere Haltung (die ja nicht umsonst ebenfalls »Haltung« heißt).

Manche Schauspieler, die eine neue Rolle studieren, überlegen sich erst einmal: Wie geht, wie läuft die Person, die ich spielen soll? Dann erarbeiten sie sich den Gang und somit auch die Körperhaltung. Das Interessante dabei ist, dass der Rest, also die Sprache, die Gestik und die Mimik, einfach hinterherkommen und sich beinahe automatisch mit verändern.

Diese Technik kann man sich auch im täglichen Leben zunutze machen. Hierzu möchte ich Ihnen zwei Übungen vorschlagen.

Die erste Übung ist im Grunde ganz einfach, aber auch hochinteressant. Ich nutze sie manchmal, wenn ich kurz vor einem Auftritt hinter der Bühne stehe. Sie hilft mir, mich in einen angenehmen Zustand zu versetzen.

Lächeln

Stellen oder setzten Sie sich hin – und lächeln Sie! Das meine ich ernst, auch wenn der Satz sich wie ein Paradoxon anhört. Das Lächeln muss nicht mal echt sein, es kann sogar völlig übertrieben sein. Aber halten Sie dieses Lächeln ein bis zwei Minuten lang.

Wenn Ihnen das Lächeln schwerfällt, können Sie auch einen Bleistift quer in den Mund nehmen und so darauf beißen, dass er Ihren Mund in eine Art »Lächelposition« drückt. Ich weiß, das hört sich ziemlich seltsam an, aber probieren Sie es doch einfach mal aus.

Was passiert? Sie lächeln, und der Körper schüttet Hormone aus. Glückshormone, genauer gesagt. Als wären Sie glücklich, als freuten Sie sich. Ich will keineswegs behaupten: Wenn Sie die Übung machen, sind Sie umgehend glücklich und gut gelaunt. Sie können jedoch wahrnehmen, wie sich ein angenehmes Gefühl in Ihnen ausbreitet, während Sie lächeln. Es kann Ihnen dabei helfen, sich in ein Glücksgefühl hineinzubegeben.

Zu der folgenden Übung hat mich Dr. Gunter Schmidt, einer der führenden Hypnosetherapeuten, inspiriert. Er setzt sie in etwas ausführlicherer Form in seinen Therapien und Coachings ein. Vielleicht möchten auch Sie einmal ausprobieren, was geschieht, wenn wir so tun, als ob.

So tun, als ob

Wenn Sie schlecht gelaunt sind, dann nehmen Sie einmal eine Körperhaltung ein, als wären Sie gut gelaunt. Auch wenn Sie sich am liebsten verkriechen würden, sitzen oder laufen Sie so, als wären Sie in allerbester Stimmung. Stellen Sie sich gerade hin und strecken Sie die Brust raus. Halten Sie den Kopf erhoben, recken Sie das Kinn. Die Arme bewegen sich ganz locker, Sie lächeln. Und möglicherweise atmen Sie noch etwas tiefer als sonst. Vielleicht fällt Ihnen ja noch etwas anderes ein, was Ihr Körper macht, wenn Sie in bester Laune sind.

Halten Sie ruhig ein paar Minuten durch. Ihr Körper bleibt in der Haltung, als ob Sie bester Stimmung wären. Beobachten Sie, was es mit Ihnen macht.

Hätten Sie das gedacht?

Die Übung funktioniert auch mit jedem anderen Zustand. Verändern Sie Ihre Haltung von »Heute läuft aber auch alles schief.« zu: »Ich habe alles im Griff.« Oder von: »Ich habe mich gerade total geärgert.« zu: »Ich bin der freundlichste Mensch der Welt.« Oder eben auch von »Ich bin fürchterlich gestresst.« zu: »Ich bin einfach tief entspannt.«

Am Anfang müssen Sie den positiven Zustand – also die Kehrseite Ihres aktuellen Grundgefühls – vielleicht noch spielen. Geben Sie sich selbst Regieanweisungen, um die richtige, positive Körperhaltung einzunehmen. Ihre geschulte Wahrnehmung hilft Ihnen dabei. Bald werden Sie merken, dass alles andere, also die Gefühle, Gedanken und die Art zu handeln, Ihnen irgendwann folgen werden.

Seien Sie Ihr eigener Schauspieler und Regisseur zugleich!

Mit den hier aufgeführten Übungen haben wir all die Ausrüstungsgegenstände beisammen, die wir benötigen, um unser persönliches Mehr an Möglichkeiten zu erkunden. Unser Unterbewusstes ist dabei Schatztruhe und weiser Ratgeber zugleich. Treten wir mit ihm in Kontakt! In der Entspannung gelingt das besonders gut. Eröffnen wir einen Dialog! Unser Unterbewusstsein bedient sich der Symbole, die wir mithilfe der Visualisierung immer besser erkennen können. Dann wird das Unterbewusstsein unser Verbündeter, zeigt uns die persönlichen Hürden – die einschränkenden Glaubenssätze und Muster – und liefert uns wertvolle Hinweise, um sie zu überwinden.

Das Leben ist eine Herausforderung, wir können beständig daran wachsen und uns mit jedem Tag wohler fühlen.

Auch du kannst es – und du weißt nun, wie es geht!

AUSKLANG

Es ist still geworden im Varieté. Die Show ist vorbei. Lange noch haben wir danach beisammen gestanden und geplaudert, so wie jeden Abend, die Bühnenkünstler, ein paar Zuschauer und ich.

Diese Stunden mag ich besonders, wenn der Alltag ausgesperrt ist und die Show gelungen. Noch sind die Zuschauer ganz im Bann dessen, was sie erlebt haben. Und erst die Freiwilligen!

Da ist Matthias, der Physikstudent. Ich ließ ihn die Zahl Drei vergessen, eine alte, doch immer wieder lustige Shownummer. Bei jemandem, der täglich mit Mathematik zu tun hat, hatte ich mir das nicht so einfach vorgestellt. Aber es gelang mir recht gut. Ich ließ ihn von eins bis zehn zählen, und wie erhofft stockte er nach der Zwei und machte dann irritiert bei der Vier weiter. Da ließ ich ihn seine eigenen Finger zählen. Und da er die Zahl Drei ausließ, kam er auf elf Finger. Über dieses Ergebnis war er sichtlich erstaunt, sodass ich ihn fragte: »Wie kommt das denn?«

Er zählte noch einmal rasch nach, kam wieder auf elf Finger und schenkte mir schließlich einen treuen Blick.

Dann zuckte er mit den Schultern und antwortete ebenso trocken wie selbstverständlich: »Rundungsfehler.«

Ich werde das nie vergessen. Genau wie Marion, sie hat heute »Madonna« gegeben. Die Krankenschwester aus Köln hätte sich bestimmt nicht träumen lassen, dass sie auf der Bühne vor all den fremden Leuten dermaßen aus sich herausgehen würde. Als Kind, da habe sie es getan, erzählte sie mir nach der Show. Da hatte sie vor dem Spiegel im Flur gestanden, eine Bürste in der Hand, die ihr als imaginäres Mikrofon diente, und hatte gesungen und getanzt. Voller Lebensfreude.

Vielleicht hatte sie ja damals den Traum, groß rauszukommen mit ihrer Stimme, ein Star zu werden. Was wird sie wohl davon abgebracht haben? Was hat sie von dem temperamentvollen Mädchen von damals zu einer schüchternen jungen Frau gemacht, die nicht einmal dann zu Hause singt, wenn sie sich unbeobachtet weiß?

Ein Spruch von Mark Twain kommt mir in den Sinn:

Tanze, als sähe dir niemand zu.
Singe, als könne dich niemand hören.
Liebe, als seiest du nie verletzt worden.
Lebe, als sei Himmel auf Erden.

Das Leben bietet uns so viele Möglichkeiten, wenn wir es zulassen und aus uns schöpfen. Und das ist das Schönste an der Hypnose für mich: wenn Menschen aus sich schöpfen. Wenn sie mit einem Mal wieder an sich und ihr immenses Potenzial glauben. So viele Talente liegen brach. Doch sie sind nicht verloren, sie schlafen nur gerade.

Vielleicht möchten auch Sie die Ihren erwecken?

ANHANG

Glossar

Bandler und Grindler
Die Begründer des NLP, des Neurolinguistischen Programmierens. Sie haben in den Siebzigerjahren die Techniken verschiedener Therapeuten studiert, um herauszufinden, was sie so erfolgreich macht. Ein großer Teil dieser Erkenntnisse ist in das Modell NLP geflossen.

Blitzhypnose
Eine Einleitung der Hypnose, die innerhalb von Sekunden geschieht.

Fixation
Eine Hypnoseeinleitung, bei der ein Punkt, wie zum Beispiel die Spitze eines Stiftes, fixiert wird, um eine Ermüdung der Augen zu erreichen. Außerdem wird hier die Aufmerksamkeit auf einen Punkt konzentriert, womit Außenreize ausgeblendet werden.

Glaubenssatz

Glaubenssätze sind Lebensregeln, generalisierte Überzeugungen, die wir für wahr halten. Sie werden im Laufe des Lebens durch die Erziehung, Bezugspersonen, die Gesellschaft und auch eigene Erfahrungen gebildet.

Induktion

Einleitung der Hypnose.

NLP

Neurolinguistisches Programmieren. NLP ist ein Kommunikationsmodell. Es beinhaltet viele Werkzeuge, die in der Kommunikation, in der Therapie und überall dort, wo man mit Menschen zu tun hat, hilfreich sein können.

Rapport

Verbindung zwischen Hypnotiseur und Hypnotisierten, aber auch generell zwischen zwei Menschen.

Somnambul

Der tiefste Zustand, der in der Hypnose erreicht werden kann.

Sprachmuster

Sätze oder Satzfolgen, die nach bestimmten Regeln gebildet werden. Meist dienen sie dazu, den »kritischen Teil« zu umgehen.

Suggestibilität
Die Höhe der Bereitschaft, Suggestionen anzunehmen.

Suggestion
Beeinflussung von Fühlen, Denken und Handeln.

Utilisation
Etwas, das der Proband macht oder das in seiner Umgebung geschieht, wird in den Prozess, zum Beispiel in die Hypnose, eingebaut und in zieldienlicher Weise genutzt. Beispiel: Ein Auto fährt draußen mit quietschenden Reifen um die Ecke. Dies wird etwa folgendermaßen genutzt: »Manchmal ist es ganz gut, wenn man in Gedanken wie ein Auto um die Ecke rast, um die eigenen Ziele von einem anderen Standpunkt aus zu betrachten.«

VAKOG
Eine Abkürzung für alle fünf Sinneskanäle. Im hypnotischen Prozess ist es sehr hilfreich, dem Klienten alle Sinneskanäle anzubieten.
Visuell - Sehen
Auditiv – Hören
Kinästhetisch – Fühlen
Olfaktorisch – Riechen
Gustatorisch – Schmecken

Wachsuggestionen
Suggestionen, die auch außerhalb der Hypnose gegeben und ausgeführt werden.

Yes-Set
Ein Sprachmuster, das dafür sorgt, dass man das Gesagte im Inneren immer wieder bejaht, sodass schließlich auch eine untergebrachte Suggestion bejaht wird.

EIN PAAR BEDEUTENDE HYPNOTISEURE

Milton H. Erickson
Amerikanischer Arzt und Psychiater. Der Mitbegründer der so genannten Modernen Hypnose.

Dave Elman
Entwickler der so genannten Elman-Induktion. Sehr wirkungsvolle Hypnoseeinleitung, in der schnell ein somnambuler Zustand erreicht werden kann.

Pat Collins
Eine der wenigen weiblichen Showhypnotiseurinnen. Sie war in den USA in den Fünfzigerjahren sehr erfolgreich.

Dr. Naughty
Showhypnotiseur, der den typischen »Vegas Style« begründet hat. Sein Sohn Corbin Craft hat heute immer noch eine eigene Show in Las Vegas und ist somit in die Fußstapfen seines Vaters getreten.

Anthony Cools

Heute einer der erfolgreichsten Showhypnotiseure in Las Vegas.

LITERATUREMPFEHLUNGEN

Brain M. Alman und Peter T. Lambrou, *Selbsthypnose*, Heidelberg, 2002

John Bargh, Paula Pietromonaco, *Automatic information processing and social perception: The influence of trait information presented outside of conscious awareness on impression formation*, Journal of Personality and Social Psychology, 1982

John Grinder und Richard Bandler, *Therapie in Trance*, Stuttgart, 1984

Gunther Schmidt, *Systemische und hypnotherapeutische Konzepte für Organisationsberatung, Coaching und Persönlichkeitsentwicklung*, Müllheim/Baden, 2006

Aljoscha A. Schwarz und Ronald P. Schweppe, *Praxisbuch NLP*, München, 2000

Kurt Tepperwein, *Die hohe Schule der Hypnose*, München, 1977

DANK

Vielen Dank an Birthe Katt und Birgit Reiter, die mich so toll betreut haben.

Danke an Angela Kuepper, die mir geholfen hat, aus diesem Buch ein geordnetes »Werk« zu machen.

Danke an meine Frau Andrea, die mich in Ruhe schreiben ließ (was sicher nicht immer einfach war).

Danke an Corbin Craft und Rolan Whitt – zwei gute, aber auch die durchgeknalltesten Hypnotiseure in Las Vegas.

Danke an Mike Christian Schmidt, dem Moviepark Germany sowie dem Varieté »Et Cetera«. Ohne die wäre ich nicht dort, wo ich jetzt bin.

Danke an Dr. Hans Lang und Manuela Hluchnik für deren Unterstützung.

Danke an René, der mir auf der Bühne meine Wünsche von den Augen ablesen kann.

Danke an meine Eltern, meine Familie und Freunde, die in letzter Zeit doch viel ohne mich auskommen mussten.

Danke an Michael Gaeb, der überhaupt an diesem Buch schuld ist!